CALMANN LÉVY, ÉDITEUR

OUVRAGES

DE

C.-A. SAINTE-BEUVE

DE L'ACADÉMIE FRANÇAISE

Format grand in-18

POÉSIES COMPLÈTES

NOUVELLE ÉDITION REVUE ET TRÈS AUGMENTÉE

Deux beaux volumes in-8°

SOUVENIRS

ET

INDISCRÉTIONS

— LE DINER DU VENDREDI SAINT —

PAR

C.- A. SAINTE-BEUVE

PUBLIÉS PAR SON DERNIER SECRÉTAIRE

NOUVELLE ÉDITION

AVEC UNE PRÉFACE, PAR CH. MONSELET

PARIS

CALMANN-LÉVY, ÉDITEURS

3, RUE AUBER, 3

—

Voici tout un volume de révélations sur Sainte-Beuve, publié par « son dernier secrétaire ».

Ce secrétaire, qui ne se nomme pas sur la couverture, mais dont le nom reparaît à toutes les pages du volume, n'est autre que M. Jules Troubat, qui, pendant huit années, a rempli auprès de Sainte-Beuve le même rôle qu'Eckermann auprès de Gœthe.

Pendant huit ans, M. Troubat a été non seulement le secrétaire de l'illustre auteur de Port-Royal et des Lundis, mais encore son confident, le témoin de sa longue maladie et de sa douloureuse agonie, et enfin l'un de ses trois exécuteurs testamentaires et son légataire universel.

Il avait donc tous les titres à écrire ce livre, modestement appelé Souvenirs et Indiscrétions.

C'est un pieux monument élevé à la mémoire de son maître, et pour l'achèvement duquel il a fait appel à tous ceux qui ont, plus ou moins assidûment, fréquenté la petite maison de la rue Montparnasse.

Les Souvenirs et Indiscrétions ne mentent pas à leur programme; les renseignements, les documents de toute sorte y abondent : papiers de famille, lettres de jeunesse à des camarades de collège (ce ne sont pas les moins charmantes), notes biographiques de la main même de Sainte-Beuve, détails d'intimité, historiettes enjouées ou relevées par une pointe de sentiment. Il est peu de lectures plus agréables que celle de ce volume.

On y apprend que Sainte-Beuve vécut jusqu'à trente-six ans sous un nom supposé (celui de Charles Delorme), dans un hôtel garni du passage du Commerce, l'hôtel de Rouen.

Il y occupait les deux chambres les plus élevées

BIBLIOTHÈQUE CONTEMPORAINE

C.-A. SAINTE-BEUVE

SOUVENIRS

ET

INDISCRÉTIONS

— LE DINER DU VENDREDI-SAINT —

PUBLIÉS PAR SON DERNIER SECRÉTAIRE

NOUVELLE ÉDITION

AVEC UNE PRÉFACE PAR CH. MONSELET

PARIS

CALMANN-LÉVY, ÉDITEURS

3, RUE AUBER, 3

SOUVENIRS

ET

INDISCRÉTIONS

de la maison, au prix de vingt-trois francs par mois. Ces chambres existent encore et portent les numéros 19 et 20.

C'est là que, déjà célèbre, il travaillait et recevait des visites.

« M. Ampère, toujours distrait, s'accrocha si bien un jour entre les deux portes d'entrée qui simulent et dissimulent une antichambre microscopique, qu'il fut obligé de faire recoudre, séance tenante, tous les boutons de sa redingote. M. Buloz fut le premier à faire apercevoir à Sainte-Beuve combien, à son âge, avec son talent et sa réputation, il bornait son avenir en continuant à vivre dans un hôtel garni. »

Sur ces entrefaites, M. Cousin, averti, le nomma conservateur à la Bibliothèque Mazarine : ce qui lui donna droit à un logement au palais de l'Institut.

Puis survint son élection à l'Académie. « Alors, vraiment, raconte Sainte-Beuve, j'eus peine à dépenser mon revenu ; il me fallut pour cela acheter des livres rares, dont le goût m'est peu à peu venu. »

Sainte-Beuve n'a jamais tutoyé que trois ou quatre individus au monde, d'anciens camarades d'enfance ou de collège, son ami l'abbé Barbe (de Boulogne-sur-Mer), Nestor Roqueplan, l'acteur Charles Potier, fils du célèbre Potier, et M. Loudierre, ancien professeur de rhétorique [1]. *Les trois derniers avaient été ses condisciples au collège Charlemagne et à Bourbon (comme on disait alors). Il ne les perdit jamais de vue, et il recherchait les occasions de se rencontrer avec eux.*

Le dimanche, par exemple, il allait applaudir Charles Potier au théâtre des Variétés, dans une loge que, par une délicate attention, M. Camille Doucet tint à sa disposition jusqu'à la fin. « M. Camille Doucet savait que Sainte-Beuve ne pouvait aller au théâtre que ce jour-là. On travaillait la semaine mais on se divertissait le dimanche, comme dans la chanson de Béranger :

---

1. Dans les dernières années, au dîner Magny, Théophile Gautier s'était mis à tutoyer Sainte-Beuve qui le lui rendait. Ils se traitaient d'*oncle* à *neveu*, comme au bon temps du romantisme, où l'on disait *le père* Hugo et *l'oncle* Beuve.

Je suis du peuple, ainsi que mes amours, *que le maître aimait à répéter.* »

Toute cette partie des confidences est traitée avec beaucoup de charme.

Au nombre des anecdotes que le secrétaire se plaît à effeuiller au courant de la plume, il en est une qui me concerne personnellement.

Elle a rapport à l'un de mes ouvrages : les Galanteries du dix-huitième siècle, *dont j'avais adressé un exemplaire à Sainte-Beuve, avec cette simple dédicace :* « Au critique souriant. »

M. Jules Troubat commente ces trois mots, dans lesquels il veut bien voir un trait de physionomie. Puis il ajoute :

« *Et cependant M. Monselet a été plus grave que le maître, un jour : il ne s'est pas aperçu que Sainte-Beuve, en pleine Académie, siégeant au fauteuil de président, en costume,* après avoir lu un discours sur les prix de vertu, *ne cessait de le regarder et de lui sourire.* Il n'y a jamais répondu, *me dit Sainte-Beuve après la séance.* »

Le reproche, si reproche il y a, est au moins singulier !

Le président de l'Académie aurait-il voulu que je me livrasse en public à une pantomime de reconnaissance et à un échange de clignements d'yeux? Je ne peux pas le supposer.

Et puis n'aurais-je pas trop eu l'air de prendre pour moi particulièrement ce discours sur les prix de vertu?

Prenez ou laissez cette boutade, mais lisez les Souvenirs et Indiscrétions. *Ce livre révèle un bonhomme sous un grand homme.*

Je viens de le placer dans ma bibliothèque à côté du Balzac en pantoufles, *de Léon Gozlan, et de* Victor Hugo raconté par un témoin de sa vie.

CHARLES MONSELET.

Il existe un beau portrait de M. Sainte-Beuve qui n'est ni un crayon ni une aquarelle, mais une composition littéraire. L'auteur, qui manie le pinceau aussi bien que la plume, s'honore d'être un artiste *de profession*. M. Sainte-Beuve a eu longtemps sous les yeux, en face de son travail, une œuvre de la même main qui est de la plus fine aquarelle et qu'on prendrait pour un pastel, tant les tons sont bien estompés. J'hésite cependant, devant une production littéraire, à la publier,

1

bien que ce soit la seule manière d'*exposer* ce qui vient de la plume. L'imprimerie est le *Salon* des gens de lettres, et je me trouve en présence d'un portrait, dont le pinceau serait impuissant à rendre les nuances. On sent que l'artiste ou l'écrivain est habitué à saisir d'un coup d'œil ce qu'il y a de plus distingué dans une physionomie, et le peintre, qui sait choisir ce qui convient à son art quand il tient la plume, n'a pris dans les traits physiques que la ressemblance de l'esprit. Mais pourquoi hésiterais-je, et me verrais-je forcé de garder un chef-d'œuvre en portefeuille, quand il fait tant d'honneur à celui qui a mérité un jour une telle démonstration d'amitié et de talent? Le voilà donc ce charmant portrait, fait d'un seul jet :

« 4 juillet.

» Dans un coin de Paris, il y a une rue moins fréquentée que les autres ;

» Au nᵒ 11 de la rue Mont-Parnasse, on m'a donné un rendez-vous, accepté avec grande joie; j'ai emporté de ma journée d'hier le plus charmant souvenir. —

» J'ai découvert un délicieux petit nid : j'y ai trouvé de fraîches odeurs, de l'isolement, pas trop de lumière ; dans une pièce longue une très-grande table surchargée de livres — du papier, des plumes ; pas une tache d'encre ;

» Au milieu de tout ce matériel vit un esprit éminent, fin, caustique, insinuant, indulgent, par bonté de cœur, par habitude de la vie ; — souriant à toutes les malices, en découvrant partout ; — accessible à tout le monde, mais sachant garder ses préférences; — philosophe à la façon des anciens Grecs — auxquels il ressemble beaucoup par la forme extérieure ; — un croyant sans religion ; un philosophe avec des indignations, un scrutateur par curiosité : enfin un esprit qui comprend tous les esprits, qui les explique tous ; et qui a le rare bonheur de n'avoir de la passion que ce qu'il en faut pour rester juste et impartial.

« Eh bien, comment ne pas être fière d'avoir pu occuper cet homme pendant plusieurs heures ; de lui avoir inspiré le désir de me connaître assez pour donner de moi au public une appréciation qui pourrait flatter les plus difficiles ?... »

On m'a souvent demandé si je ne songeais pas bientôt à publier quelque chose sur la Vie de M. Sainte-Beuve. Ses meilleurs amis, en m'en donnant le conseil, m'en ont fait comme un devoir. Mais rien ne simplifierait mieux une tâche de cette nature que la Correspondance même de l'écrivain dans la vie duquel on a à remonter. La difficulté pour le biographe, dans le cas présent, serait d'éclairer les époques anciennes dont il ne connaît certains points que par de vagues souvenirs, des conversations de M. Sainte-Beuve à la veillée, et qu'on n'avait jamais le temps, à l'heure avancée de la soirée ni le lendemain, quand on s'était une fois remis de grand matin au travail, de fixer ou d'écrire. Il a manqué un Eckermann auprès de M. Sainte-Beuve, qui fût non pas un secrétaire toujours à la disposition du maître et sans cesse tenu par lui en haleine (ce dont je ne me plains pas), mais, comme l'autre, un véritable Eckermann, un ami qui n'eût d'autre occupation auprès de lui que d'assister, voir, donner la réplique et conserver avec amour sur le papier le récit de ce qu'il avait vu et entendu. Qu'il m'en est sorti de la mémoire, et que je ne puis plus retrouver, faute de les avoir écrites, de ces conversations de M. Sainte-Beuve où reparaissaient des noms anciens, toujours chers à son souvenir et à son cœur ! Il nous redisait avec charme l'histoire de toutes les personnes qu'il avait connues dans le passé ; c'étaient des relations d'amitié toutes d'intérieur et du foyer, de celles qui lui avaient autrefois inspiré des Poésies, — des Élégies, — à l'ombre d'une vie intime et douce. De ses voyages dans des villes de France (Bourges, Châteauroux, Troyes, sans nommer Boulogne, sa ville natale), il avait gardé le souvenir et le culte de certains noms de familles où il avait trouvé et où il comptait toujours de charmants amis fidèles et sûrs. A l'étranger, en Belgique et à Lausanne, il aimait à se rappeler également les personnes dont il visitait la demeure le soir.

« Je faisais une lieue à pied, la nuit, dans la neige, disait-il, pour aller visiter des amis qui demeuraient près de Liége à la campagne. »

Et, sans aller si loin, pour prouver en effet de quelle sollicitude il entourait ses amis et ses proches, et se les attachait en même temps [1],

1. Je donnerai ici deux lettres de lui à moi adressées, la première de Compiègne :
« (Ce mardi 8 décembre 1863). — Cher ami, me voilà installé. Dans huit jours, je serai à la veille de vous revoir. Mon effort d'imaginative, et tout mon labeur, consistent ici à glaner çà et là une remarque de Vau-

ne m'accompagna-t-il pas longtemps moi-
même, tous les soirs, à une époque où je

gelas et à y rêver. On rêve à quoi l'on peut. Je me
lève, je me lave, je me promène, je cause, je dé-
jeune, je me repose, je me promène, je recause, je
dîne, je cause, je vois danser. De belles futaies, des
coteaux boisés sont sous mes yeux. Mon cerveau vous
reviendra reposé, repu de loisir, féroce, affamé : ayez,
s'il vous plaît, le *Quinte-Curce* de Vaugelas et ce qui
s'ensuit de lui, tout prêt sur ma table. Ce grammai-
rien va essuyer ma première bordée. — Je plaisante,
mais je vous regrette. — Tout à vous, mon bon et
cher ami. SAINTE-BEUVE. »

L'autre lettre est à l'occasion de la mort de ma
mère ; j'étais à Montpellier :

« (Ce 16 septembre 1864). — Cher ami, j'allais vous
répondre et vous remercier de votre bonne lettre et
des détails qu'elle contient, lorsque je reçois la terrible dépêche. Il n'y a rien à dire pour de tels coups,
et la nature ne veut ni consolation ni allégement. Le
partage de la douleur est le seul adoucissement ; revenu, comme vous l'êtes, au sein de votre famille,
vous avez cette satisfaction dernière, et je désire apprendre de vous qu'un moment de suprême connaissance comme en ont les mourants aura averti votre
mère de votre présence si désirée. Jouissez tristement,
cher ami, de ces jours de deuil et de loisir. — Nous
avons tous ici été bien touchés de votre départ dans
ces circonstances ; chaque matin, j'avais besoin de
m'avertir pour ne pas demander : *Troubat est-il arrivé?* et je vous cherchais en entrant dans ma chambre d'en haut. — Je vous écris peu, ne le pouvant...
L'article est à l'imprimerie. Je vous prie de présenter
mes respects et sympathies douloureuses à mon-

demeurais rue Mazarine, jusqu'au passage du
Pont-Neuf dans la rue de Seine? C'était là
la borne de son inquiétude : je demeurais
à l'autre bout du passage. Mais il me racontait,
chemin faisant, qu'autrefois il accompagnait
ainsi son secrétaire à Liége, comme il faisait
pour moi-même en ce moment. — De ces
humbles et modestes amitiés que je ne veux
pas perdre de vue et qui n'ont jamais éclaté
au grand jour, excepté quelquefois dans

sieur votre père. — Je vous serre cordialement la
main. Sainte-Beuve. »

M. Paul Chéron veut bien me communiquer aussi
cette lettre, que lui écrivit M. Sainte-Beuve un jour
que son fils était malade; c'est la même note sensible
et cordiale :

« (Ce 21 juin 1864). — Mon cher ami, j'apprends avec
bien de la peine l'inquiétude que vous ressentez ainsi
que madame Chéron, et les transes paternelles qui vous
retiennent avec elle auprès d'un enfant si cher. Ce
sont là des peines que nous autres, célibataires, nous
pouvons du moins nous représenter, quand elles atteignent surtout des amis comme vous, d'un cœur si
chaud et d'une si franche nature. Je voudrais bien,
mon cher ami, apprendre que vous êtes mieux et que
cette santé, qui fait partie de la vôtre, à madame
Chéron et à vous, vous donne moins de soucis et d'in-
quiétudes. — Tout à vous de cœur. Sainte-Beuve. »

quelque dédicace de poésie, il doit être resté
bien des reliques, des lettres au fond des
tiroirs.

Le biographe, qui recherche aujourd'hui la
trace de ses pensées et de sa vie, ne saurait
bien parler sciemment que des huit dernières
années, dont il a été le témoin. Il aimerait à
employer à l'égard de son maître la méthode
apprise auprès de M. Sainte-Beuve lui-même
qui l'a toujours appliquée, quand il l'a pu, à
d'autres grandes ou sympathiques figures, et
notamment, en dernier lieu, à celles de Proudhon, Mme de Staël, Mme Desbordes-Valmore.
Il y a un monument littéraire et épistolaire
que M. Sainte-Beuve s'est élevé aussi à lui-
même, sans y songer : il ne s'agirait que d'en
rassembler les matériaux après lui. C'est
dans ce but, et pour en recueillir le plus
grand nombre, que j'adresse d'ici un appel
public à toutes les personnes amies qui ont,
à différentes époques, reçu et conservé de
ses lettres : je prie qu'elles veuillent bien
me les communiquer ou en faire elles-mêmes

la publication. Elles m'obligeront en ne laissant rien d'inédit et à l'état latent pour l'éter-
nité.

La question m'a été posée dernièrement, au
nom de deux très-spirituels auteurs, si je ne
m'opposais pas à ce que les notes crayonnées
par lui sur ses livres fussent publiées. Le
droit qu'on m'attribuait m'a tout d'abord
étonné [1], mais enfin, si droit il y a réelle-

---

1. Mais à la réflexion je m'y suis habitué. Pourquoi donc, en effet, quand on prélève un droit d'in-
terdiction ou de péage sur une lettre d'un illustre
écrivain, ne pas arrêter aussi (s'il a été homme d'esprit) un *mot* de lui au passage, et toucher l'impôt ou
faire payer l'amende quand on le trouve reproduit ?
car ses *mots,* — ses flèches, ses traits piquants,
— faisaient partie aussi de ses œuvres et étaient compris dans le montant de ses lignes imprimées, puis-
qu'il ne pouvait s'empêcher d'en mettre dans tout ce
qu'il écrivait. C'est de la petite monnaie que vous
laissez perdre. Le sel se vend bien comme une autre
denrée au marché, et on ne saurait s'en passer, tout
comme de l'esprit dans les Lettres. Ah ! si vous pouviez
rattraper tout celui qu'il a répandu prodigalement
dans ses conversations avec ses amis ! La mémoire
d'un grand esprit y gagnerait peut-être d'être tenue
pour jamais aux oubliettes par la faute de ses des-
cendants ou héritiers E c'est ainsi qu'à force de
lois et d'impôts restrictifs sur le génie d'un ancêtre,

ment, ce que personne au juste ne saurait
dire, et qui sera toujours matière à débats,
j'ai répondu à tout hasard, dans mon igno-
rance de la juridiction, que je ne m'en recon-
naissais aucun sur ce qui avait été vendu et
avait cessé dès lors de m'appartenir. De
même j'ai toujours considéré qu'une lettre
mise à la poste *appartenait* à la personne
à qui elle avait été écrite. — Là encore, les
tendances de la juridiction actuelle me sont
contraires, et je ne les affronterais pas
en ce qui concerne les correspondants
de M. Sainte - Beuve. J'ai vu mieux :
on ne croirait jamais que des lettres lé-
guées, même après cinquante ans, trouvent
encore de nos jours des difficultés et des
oppositions, dans la descendance d'un cor-
respondant d'une femme illustre, à être insé-
rées dans la *Revue des Deux Mondes*. Mais

on en arrive à lui rogner les ailes et à appauvrir la
littérature. Je crois voir un propriétaire de jardin
coupant les ailes à *ses* papillons, pour qu'ils ne s'en-
volent pas chez le voisin.

M. Sainte-Beuve n'a jamais fait de procès à personne pour avoir publié une de ses lettres, et certes, dans les dernières années, on ne lui a pas épargné ce genre de publicité dans les journaux.

Je ne crois pas aller contre sa pensée aujourd'hui, en publiant, au lendemain de sa mort [1], le fragment suivant, trouvé dans ses

---

1. M. Sainte-Beuve est mort à Paris le 13 octobre 1869, à une heure et demie de l'après-midi, dans sa maison de la rue Mont-Parnasse, n° 11. — Les personnes présentes au moment de sa mort, et qui l'entouraient dans son cabinet même, près du lit où il rendit le dernier soupir, étaient ses amis, MM. le docteur Veyne, Paul Chéron (de la Bibliothèque impériale); son professeur de littérature grecque M. Pantasidès, avec lequel il avait lu et commenté plusieurs fois dans le texte l'*Iliade* et l'*Odyssée*; son dernier secrétaire M. Jules Troubat, et sa fidèle servante qui l'a soigné pendant des années et durant toute sa maladie, Mlle Marie Chicot. — Les exécuteurs testamentaires, auxquels il a confié le soin de ses dernières volontés, sont MM. Marc Fabre, son notaire; son ami et ancien secrétaire, le poëte Auguste Lacaussade, bibliothécaire au ministère de l'instruction publique; et son secrétaire, M. Troubat. — M. Sainte-Beuve était né, il va nous l'apprendre lui-même tout à l'heure, à Boulogne-sur-Mer, le 23 décembre 1804. — L'autopsie à laquelle ont présidé MM. les docteurs Veyne et Piogey, au

papiers. C'est un brouillon, écrit ou dicté à la
hâte, et qui est resté à l'état de premier jet.

lendemain de la mort, a révélé la présence dans la
vessie de trois pierres dont l'une affecte le volume et
la forme d'un gros œuf de poule ; les deux autres
ressemblent par la forme et la grosseur à deux
châtaignes ordinaires. Une première exploration opé-
rée par M. le docteur Ricord en 1867, sur la fin de
l'hiver, peu de mois après les atteintes du mal,
n'avait rien fait découvrir et avait fait beaucoup
souffrir M. Sainte-Beuve. Lorsque M. le docteur
Phillips vint pour le sonder de nouveau en juillet 1869,
il n'était plus temps. Le docteur Veyne n'a cessé de
croire à la présence de la pierre, tout le temps qu'a
duré la maladie. — M. Sainte-Beuve est mort cependant, ignorant la cause de son mal, la soupçonnant
peut-être, l'indiquant même par de certaines compa-
raisons et images réelles, basées sur ses sensations
douloureuses, dont la médecine et la chirurgie (qui se
croient plus positives) ne tiennent pas assez de
compte dans la bouche d'un littérateur, et disant un
jour : « Vous verrez qu'on ne saura ce que j'ai que
lorsqu'on m'ouvrira... après moi... » — Que si la recherche de la vérité a besoin d'excuse, la catastrophe
du 13 octobre dernier pourrait en être une suffisante :
mais je renverrai ces *délicats,* qui me reprocheraient la
crudité trop pathologique de ces détails, en tête d'une des
premières œuvres posthumes d'un écrivain mort peut-
être pour n'avoir pas été assez examiné à fond, au
tome V, page 523 de *Port-Royal,* où M. Sainte-Beuve
s'est intéressé aux causes de la maladie et de la mort
de M. Domat, avec lequel il n'était certes pas aussi
sûr d'être en compatibilité de souffrances.

Nous n'y changerons rien. Les points de repère qu'il contient, jusqu'à la date où s'arrête cette courte Esquisse, seront peut-être utiles, dans l'avenir, à l'exactitude d'une Biographie plus étendue. Et tout d'abord, nous avons pensé à l'offrir (telle que M. Sainte-Beuve l'a laissée) à celui qui doit très-prochainement prononcer son Éloge à l'Académie française, à M. Jules Janin.

MA

BIOGRAPHIE

J'ai fait beaucoup de biographies et je n'en ai fait aucune sans y mettre le soin qu'elle mérite, c'est-à-dire sans interroger et m'informer. Je n'ai pas toujours été heureux en retour, et, parmi ceux qui ont bien voulu s'occuper de moi, il en est fort peu qui y aient mis les soins indispensables et dont le premier était de s'enquérir de l'exactitude des faits. M. de Loménie, bienveillant, n'est pas de tout point exact. Vapereau, peu bienveillant, n'est pas même exact dans sa brièveté [1]. Je ne parle pas de ceux qui n'ont été que de misérables libellistes,

1. « En revanche, j'ai eu à me louer de bonne heure de M. Xavier Eyma, plus tard de M. Georges Bell... » (M. Sainte-Beuve rappelle ici les articles de M. Xavier Eyma dans le journal *l'Époque*, et une notice sur lui de M. Georges Bell, écrite avec scrupule et utile à consulter, qui fait partie du *Panthéon des Illustrations françaises au* XIXe *siècle*, publié sous la direction de M. Victor Frond, Paris, Lemercier, rue de Seine, 57.)

inventant et calomniant. Les faits de ma vie littéraire sont bien simples. Je suis né à Boulogne-sur-Mer le 23 décembre 1804. Mon père était de Moreuil en Picardie, mais il était venu jeune à Boulogne, comme employé des aides avant la Révolution, et il s'y était fixé. Les annales boulonnaises ont tenu compte des services administratifs qu'il y rendit. Il y avait en dernier lieu organisé l'octroi, et il était contrôleur principal des droits réunis lorsqu'il mourut. Il était marié à peine, quoique âgé déjà de cinquante-deux ans. Mais il avait dû attendre pour épouser ma mère, qu'il aimait depuis longtemps et qui était sans fortune, d'avoir lui-même une position suffisante [1]. Ma mère était de Boulogne

1. « La remarque que je vois faire à un biographe m'oblige à dire un mot sur le nom même de mon père. Il s'appelait *de* Sainte-Beuve et signait ainsi avant la Révolution. C'est même sous ce nom qu'a été dressé son acte de décès (en 1804). Pour moi, né après la mort de mon père, j'ai trouvé ma mère s'appelant *Mme Sainte-Beuve* tout court. Il ne tenait qu'à moi de reprendre le *de*, puisque c'était mon nom ; mais n'étant pas noble, je n'ai pas voulu me donner l'air de l'être. » — M. Sainte-Beuve n'a jamais cherché à remonter plus haut dans sa généalogie ; il ne se croyait pas noble, et, s'il a voulu, il y a quelques années, s'assurer de la particule paternelle, qui a été omise devant son nom sur son propre acte de naissance à lui-même, deux mois et demi après la mort de son père ; s'il a écrit en 1865 à M. le maire de Moreuil, qui a bien voulu lui communiquer très-obligeamment le document nécessaire, avec les extraits de naissance de ses oncles et tantes, c'est qu'il avait besoin de faire constater le vrai nom de son père pour la régularisation d'un acte notarié (il s'agissait, s'il m'en

même et s'appelait Augustine Coilliot,

d'une vieille famille bourgeoise de la

souvient bien, car il est bon de préciser pour
faire taire les malveillants de plus d'une espèce,
d'une rente perpétuelle provenant de sa mère à
Boulogne-sur-Mer). — Sur l'acte de mariage de
ses parents, qui est daté du 30 ventôse an XII de
la République (21 mars 1804, — *déjà Napoléon
perçait sous Bonaparte*), M. de Sainte-Beuve père
est bien positivement appelé *citoyen Charles-
François de Sainte-Beuve*, ce qui expliquerait à
la rigueur que le *de* peut faire partie du nom sans
impliquer nécessairement la qualité nobiliaire.
— Mais M. Sainte-Beuve, quand il faisait relever
ces différents actes, songeait aussi dès ce moment-là à répondre à la question que son livre
de *Port-Royal* lui a value maintes fois, s'il
était parent du docteur Jacques de Sainte-
Beuve. Il s'est expliqué là-dessus d'une manière
nette et catégorique en note, au tome IV,
page 564, de la dernière édition de cet ouvrage.
J'y renvoie le lecteur qui en voudrait savoir davantage sur sa noblesse et sa parenté avec le docteur de Sorbonne.—Il était temps de rentrer dans
la littérature. M. Sainte-Beuve m'a donné souvent
cette leçon de goût à l'adresse de ceux à qui il
voyait écrire : *De* un tel, tout court, sans le faire

basse ville, bien connue. Elle était enceinte de moi et mariée depuis moins d'un an, lorsque mon père mourut subitement d'une esquinancie [1]. Ma mère sans fortune, et une sœur de mon père, qui se réunit à elle, m'élevèrent. Je fis mes études à la pension de M. Blériot, à Boulogne même. J'avais

précéder du mot *Monsieur :* « On dit : *M. de* un tel, disait-il ; ou bien on ne met ni *Monsieur* ni la particule... Entendez donc quand ils parlent . mon ami *de* un tel ; on dirait qu'ils ont peur que ce *de* ne se perde... »

1. Il mourut le 4 octobre 1804. Mais je ne crois pas en avoir fini avec le père de M. Sainte-Beuve, et je me réserve d'y revenir à la fin même des deux Fragments biographiques que je donne ici successivement. La courte notice que je suis en mesure et que je crois de mon devoir de lui consacrer, dans un petit paragraphe à part, tiendrait ici, en note, trop de place.

terminé le cours entier des études, y compris ma rhétorique, à treize ans et demi. Mais je sentais bien tout ce qui me manquait, et je décidai ma mère à m'envoyer à Paris, quoique ce fût un grand sacrifice pour elle en raison de son peu de fortune.

Je vins à Paris pour la première fois en septembre 1818, et, depuis ce temps, sauf de rares absences, je n'ai cessé de l'habiter. Je fus mis en pension chez M. Landry, rue de la Cerisaie ; M. Landry, ancien professeur de Louis-le-Grand, mathématicien et philosophe, était un esprit libre. Il est question de lui dans l'*Histoire de*

Sainte-Barbe, par Quicherat. Je dînais à sa table, et j'y vis tout d'abord ses amis particuliers, l'académicien Picard entre autres. On me traitait comme un grand garçon, comme un petit homme. Je suivais avec la pension les classes du collége Charlemagne ; quoique ayant fait ma rhétorique en province, j'entrai en troisième sous M. Gaillard, excellent professeur, et traducteur du *De Oratore* de Cicéron. M. Caÿx professait l'histoire qu'on venait d'instituer tout nouvellement dans les colléges. J'étais habituellement premier ou second, tout au plus troisième dans les

compositions hebdomadaires. J'eus à
la fin de l'année le premier prix d'histoire au concours. Je restai élève du
collége Charlemagne jusqu'à la première année de rhétorique inclusive-
ment. Nous avions comme professeur
dans cette première année M. Dubois,
depuis rédacteur et fondateur du
Globe, mais qui n'acheva pas l'année,
ayant été destitué. Sur ces entrefaites,
la pension Landry changea de quartier, et alla s'installer rue Blanche ;
je la suivis et je fis ma seconde année
de rhétorique au collége Bourbon,
sous MM. Pierrot et Planche. J'eus
au concours le premier prix de vers

latins des vétérans. Mais j'étais déjà
émancipé. En faisant ma philosophie
sous M. Damiron, je n'y croyais
guère. Jouissant à ma pension d'une
grande liberté, parce que je n'en abu-
sais pas, j'allais tous les soirs à l'A-
thénée, rue de Valois au Palais-Royal,
de sept à dix heures, suivre des cours
de physiologie, de chimie, d'histoire
naturelle de MM. Magendie, Robiquet,
de Blainville, entendre des lectures littéraires, etc. J'y fus présenté à M. de
Tracy. J'avais un goût décidé pour l'é-
tude de la médecine. Ma mère vint
alors demeurer à Paris, et, logé chez
elle, je suivais les cours de l'É-

cole [1]. En 1824, *le Globe* se fonda. J'en
fus aussitôt informé par mes anciens

[1]. Je ne puis résister à reproduire ici un souvenir *de famille* (et véritablement de famille, car
cette pension Landry en était une pour ses écoliers). C'est une lettre de M. Landry à Mme Sainte-
Beuve, que M. Sainte-Beuve retrouva un jour
en ma présence et qu'il me fit lire. Elle nous
émut profondément tous les deux par les souvenirs qu'elle remua en lui et les sensations évo-
quées qu'elle fit naître en moi. La voici. M. Sainte-
Beuve a écrit dessus de sa main : « Lettre de
M. Landry, mon maître de pension, à ma mère,
au moment où j'allais quitter la maison après ma
philosophie pour faire mes études de médecine.
S.-B. » :

« Paris, 19 juin 1823.

» Madame,

» Je n'ai point écrit en réponse à votre lettre
du dernier trimestre. J'ai chargé votre cher enfant de le faire pour moi, et j'ai cru que vous
n'en seriez point inquiète.— Votre lettre du 12 courant, où vous voulez bien m'exprimer les mêmes
sentiments, est trop obligeante pour différer plus

2.

maîtres avec qui j'avais conservé des
relations, et j'allai voir M. Dubois, qui
m'y appliqua aussitôt et m'y essaya à

longtemps de vous écrire. — J'ai reçu l'effet...
que vous m'avez adressé. Avec une exactitude
comme la vôtre, ce qui restera... ne sera pas difficile à régler. — Vous avez la bonté de m'écrire
que jamais vous n'oublierez notre maison. Soyez
persuadée que nous n'oublierons jamais la bonne
mère et le bon fils qu'elle nous a confié. Votre
enfant n'est pas un de ces élèves dont on puisse
perdre le souvenir. — Nous avons appris avec
grand plaisir que vous venez vous établir à Paris
auprès de ce cher fils; et vous espérez, dites-
vous, que l'occasion se présentera de venir jusqu'à nous. Il y aura bien des heureux par ce
moyen, et la chose ne se passera point en simples
souvenirs. Le bon ami et la maman ne pourront
nous faire de plus grand plaisir : et le plus souvent sera le mieux. — Nous avons reçu le petit
panier; ce qu'il contenait était excellent, je vous
assure; nous avons bu à votre santé. — La famille tout entière se joint à moi pour vous remercier, et votre respectable sœur en particulier, de toutes vos amitiés. Cette sœur quitte-
t-elle Boulogne aussi? Dans ce cas, les deux

quantité de petits articles. Ils sont signés *S.-B.*, et il est facile à tout biographe d'y suivre mes tâtonnements et mes commencements. A un certain jour, M. Dubois me dit :

— Maintenant vous savez écrire, et vous pouvez aller seul.

Mes premiers articles un peu remarquables furent sur les premiers volumes de l'*Histoire de la Révolution* de M. Thiers et sur le *Tableau* de la même époque par M. Mignet. C'est vers ce temps aussi que, M. Du-

sœurs ne se sépareraient pas pour faire les voyages à la rue Blanche.

» J'ai l'honneur de vous présenter mes très-humbles hommages. LANDRY. »

bois m'ayant chargé de rendre compte des volumes d'*Odes et Ballades* de Victor Hugo, je fis dans les premiers jours de 1827 [1] deux articles qui furent remarqués de Gœthe [2]. Je ne connaissais pas du tout Victor Hugo. Sans le savoir, nous demeurions l'un près de l'autre rue de Vaugirard, lui au n° 90, et moi au 94. Il vint pour me remercier des articles, sans me trouver. Le lendemain ou le surlendemain, j'allai chez lui et le trouvai déjeunant. Cette petite scène et mon entrée a été peinte

1. Nos des 2 et 9 janvier.
2. Voir *Conversations de Gœthe*, *recueillies par Eckermann*, *traduites par M. Émile Délerot*, t. I. p. 262.

assez au vif dans *Victor Hugo raconté par un témoin de sa vie.* Mais
il n'est pas exact de dire que je sois
venu lui offrir de mettre *le Globe* à sa
disposition. Dès ma jeunesse, j'ai toujours compris la critique autrement :
modeste mais digne. Je ne me suis
jamais offert, j'ai attendu qu'on vînt à
moi. A dater de ce jour, commença
mon initiation à l'école romantique
des poëtes. J'y étais assez antipa-
thique jusque-là à cause du royalisme
et de la mysticité que je ne partageais
pas. J'avais même fait dans *le Globe* [1]

1. Nᵒ du 8 juillet 1826. M. Sainte-Beuve a recueilli tout récemment cet article en appendice

un article sévère sur le *Cinq-Mars* de
M. de Vigny dont le côté historique si
faux m'avait choqué. C'est en cette
même année 1827 que je laissai l'é-
tude de la médecine. J'avais été élève
externe à l'hôpital Saint-Louis ; j'y
avais une chambre et y faisais exactement mon service[1]. Trouvant plus de
facilité à percer du côté des Lettres,
je m'y portai. Je donnai au *Globe*,
dans le courant de 1827, les articles

dans le deuxième volume, donné de son vivant,
de la nouvelle et dernière édition des *Portraits
contemporains*.

1. M. Sainte-Beuve racontait au jeune docteur
Grenier, devenu son client au Sénat, qu'il avait
eu l'honneur d'être *roupiou* sous Dupuytren, et
même qu'il avait porté le tablier un matin à
l'Hôtel-Dieu pour remplacer un interne absent,

sur la *Poésie française au* xvie *siècle*
qui furent publiés en volume l'année
suivante (1828); et j'y ajoutai un second volume composé d'un choix de
Ronsard. En 1829, je donnai *Joseph
Delorme.* C'est vers ce temps que
M. Véron fonda la *Revue de Paris.*
Je fis dans le premier numéro le premier article intitulé *Boileau* ¹, et je
continuai cette série de biographies
critiques et littéraires dans les numéros suivants. Je faisais en même
temps les Poésies et Élégies inté-
rieures qui parurent en mars 1830

1. Avril 1829. Cet article ouvre aujourd'hui la
série des *Portraits littéraires.*

sous le titre de *Consolations*. Il est inutile d'ajouter pour ceux qui lisent que j'étais dans l'intervalle devenu l'ami de la plupart des poëtes appartenant au groupe romantique. J'avais connu Lamartine d'abord par lettres, puis personnellement et tout de suite fort intimement dans un voyage qu'il fit à Paris. Quelques biographes veulent bien ajouter que c'est alors que je fus *présenté* à Alfred de Musset. Ces messieurs n'ont aucune idée des dates. Musset avait alors à peine dix-huit ans. Je le rencontrai un soir chez Hugo, car les familles se connaissaient ; mais on ignorait chez Hugo que Musset fît des vers. C'est le lendemain matin, après cette soirée, que Musset vint frapper à ma porte. Il me dit en entrant :

— Vous avez hier récité des vers; eh bien, j'en fais et je viens vous les lire.

Il m'en récita de charmants, un peu dans le goût d'André Chénier. Je m'empressai de faire part à Hugo de cette heureuse recrue poétique. On lui demanda désormais des vers à lui-même, et c'est alors que nous lui vimes faire ses charmantes pièces de *l'Andalouse* et du *Départ pour la chasse*[1].

1. C'est la pièce qui suit *l'Andalouse* dans les premières Poésies, et qui a pour titre *le Lever*.

Hugo demeurait alors rue Notre-
Dame des Champs, nᵒ 11, et moi,
j'étais son proche voisin encore : je
demeurais même rue, au nᵒ 19. On se
voyait deux fois le jour.

La révolution de juillet 1830 arriva.
J'étais absent pendant les trois journées, et en Normandie, à Honfleur,
chez mon ami Ulric Guttinguer. Je
raccourus en toute hâte. Je trouvai
déjà le désaccord entre nos amis du
Globe. Les uns étaient devenus gou-
vernementaux et conservateurs subitement effrayés. Les autres ne demandaient qu'à marcher. J'étais de ces
derniers. Je restai donc au journal

avec Pierre Leroux, Lerminier, Des-
loges, etc. Leroux n'était alors rien
moins qu'un écrivain. Il avait besoin
d'un truchement pour la plupart de ses
idées, et je lui en servais. J'y servais
aussi mes amis littéraires. L'article du
Globe sur Hugo, cité dans le livre de
*Hugo raconté par un témoin de sa
vie*, et qui est des premiers jours
d'août 1830, est de moi. Je revendi-
quais le poëte au nom du régime qui
s'inaugurait, au nom de la France
nouvelle. Je le déroyalisais [1].

---

1. M. Sainte-Beuve a recueilli depuis, à son
tour, cet article dans le tome XIᵉ des *Causeries
du Lundi*. Il en est le couronnement et la fin. —
Je rappellerai ici un autre article de lui (nº du

Les bureaux du *Globe* étaient rue
Monsigny, dans la même maison

20 septembre 1830), de ce nouveau *Globe*, que je
ne puis m'empêcher de citer. Ah ! l'on était vraiment patriote en ce temps-là, plus qu'aujourd'hui,
et l'on sentait autrement les outrages politiques !
Il me fut impossible un jour d'achever la lecture
de ces lignes, et M. Sainte-Beuve, qui m'écoutait, étouffa lui-même ses larmes :

» C'est mardi que doit avoir lieu, en place de
Grève, la cérémonie funèbre en l'honneur de
Bories et de ses compagnons d'échafaud. Le gouvernement, à ce qu'on assure, est fort effrayé de
ces démonstrations publiques, et les journaux du
parti rétrograde et stationnaire ne négligent rien
pour augmenter ces frayeurs, pour réprimer ces
élans de piété patriotique. Que le gouvernement
soit un peu fâché de voir se faire sans lui une solennité qu'il aurait dû être le premier à consacrer,
c'est une conduite toute simple de sa part, con-
séquente à celle qu'il a tenue jusqu'ici, et qui n'a
pas lieu de nous étonner. Mais que des journaux,
qui se piquent d'accepter et de vouloir le régime
nouveau, combattent ouvertement, par des rai-
sonnements empruntés à *l'ordre légal*, cette expression publique de pieux souvenirs ; qu'ils
viennent nous montrer dans Bories et ses com-

qu'habitait le groupe saint-simonien.
De là des relations fréquentes. Lors-

pagnons des hommes pleins de courage sans
doute, mais contraires aux lois ; qu'ils nous rap-
pellent avec patelinage que ce fut un jury, et
non un tribunal révolutionnaire, non une cour
prévôtale, qui fit tomber ces têtes ; — comme si ce
jury n'avait pas été désigné par le préfet, con-
trôlé par le président du tribunal et présidé par
un agent du pouvoir ! — que, par une induction
odieuse, jésuitique et impie, ils ne voient dans
Bories et ses compagnons que des ennemis de
cette Restauration dont MM. de Polignac, de
Peyronnet et autres étaient aussi les ennemis à
leur manière, et qu'ils assimilent sans pudeur les
victimes de 1822 aux traîtres de 1830, il y a là
une révélation profonde sur la manière dont un
certain parti juge ce qui s'est passé en juillet,
et un précieux éclaircissement sur les arrière-
pensées qu'il nourrit.

» Comme, selon ce parti, l'ordre actuel n'est que
la continuation de la Restauration sous un autre
roi, ceux qui furent à leurs risques et périls
contre la Restauration et qui, la jugeant de bonne
heure incorrigible et funeste, conspirèrent pour
en délivrer la France, ceux-là peuvent bien être
tolérés aujourd'hui, et on consent apparemment

que Pierre Leroux, forcé par la question financière, vendit le journal aux
saint-simoniens, je ne le quittai point

à ne pas trop les inquiéter sur le passé ; mais il
ne faut pas qu'ils se vantent trop haut de leur
résistance d'autrefois, de leurs efforts périlleux ;
il ne faut pas surtout qu'ils songent à nous donner comme des victimes publiques leurs compagnons morts sous la hache pour avoir voulu
hâter des jours meilleurs.

» Et puis, voyez-vous, qu'est-ce que ces pertes
obscures dont on prétend faire tant de bruit ? De
jeunes sergents d'infanterie méritent-ils tant d'é-
clat ? *N'y a-t-il pas eu durant le cours de nos
orages divers de plus grands morts ?* Ne convient-
il pas, si l'on exige à toute force des solennités,
de s'attacher à de plus nobles noms ? — Comme
s'il y avait de plus nobles noms que ceux de ces
braves jeunes hommes à consacrer dans la mémoire nationale ! comme si l'obscurité même qui
les couvre encore n'était pas un soupçon d'in-
gratitude dont la nation a besoin de se laver !
comme si ces conspirateurs de 1822 n'étaient pas
de la même race de citoyens qui prirent le fusil
et dépavèrent les rues au 27 juillet, tandis que
certains partisans rigoureux de *l'ordre légal*

pour cela. J'y mis encore quelques articles. Mes relations, que je n'ai jamais désavouées, avec les saint-simo-

s'empressaient lâchement de souscrire aux ordonnances! comme s'il n'y avait pas un héroïsme incomparable dans ces hommes, dont les uns, bannis, se sont laissé flétrir comme des agents provocateurs pour ne pas aggraver la position de leurs amis accusés; et dont les autres, voyant leur tête en jeu, ont assumé sur eux seuls la responsabilité fatale pour sauver les moins compromis! généreux, dévoués, se chargeant eux-mêmes, s'accusant de tout: Bories, le premier, Bories, jeune martyr au front calme, au cœur résigné, plein de vertu et de génie, confondant ses juges, consolant et relevant ses compagnons; les soutenant sur la charrette du supplice contre l'horreur d'une mort méconnue; les faisant monter avant lui sur l'échafaud pour les affermir jusqu'au bout de son regard et de sa voix; Bories, figure mélancolique et sans tache, luttant contre l'oubli; nom sublime à inscrire dans la mémoire publique à côté des Roland, des Vergniaud, des Oudet, des Hoche et des Manuel! »

niens[1], restèrent toujours libres et sans engagement aucun. Quand on dit que j'ai *assisté* aux prédications de la rue Taitbout, qu'entend-on par là? Si l'on veut dire que j'y ai assisté

---

1. Émile Barrault, qui a précédé de si peu M. Sainte-Beuve dans la tombe, était naguère encore un de ses bons et très-bons amis. Il venait voir souvent M. Sainte-Beuve dans les derniers mois, dînait quelquefois avec lui, et l'on aimait toujours à entendre cette parole éloquente et convaincue. C'était la voix vibrante, même en causant, d'un apôtre : on l'écoutait avec respect, quand même on ne partageait pas sa croyance. Ancien représentant du peuple à l'Assemblée législative sous la seconde République, on l'eût pris plutôt pour un conventionnel, non point à sa parole qui était toute de fraternité et de paix, de persuasion et de douceur, mais à sa physionomie fine et rasée, dont le type, accentué de plus en plus avec l'âge, était bien celui d'un représentant du xviiie siècle : et il avait conservé les cheveux longs d'un prêtre ou d'un artiste.

comme Lerminier, en habit bleu de ciel et sur l'estrade, c'est une bêtise. Je suis allé là comme on va partout quand on est jeune, à tout spectacle qui intéresse ; et voilà tout. — Je suis comme celui qui disait : « J'ai pu m'approcher du lard, mais je ne me suis pas pris à la ratière. »

On a écrit que j'étais allé en Belgique avec Pierre Leroux pour prêcher le saint-simonisme : c'est faux.

On a cherché aussi à me raccrocher aux écrivains de *l'Avenir*, et comme si je les avais cherchés. Je dois dire, quoique cela puisse sembler disproportionné aujourd'hui, que c'est l'abbé

3.

de la Mennais qui le premier demanda à Hugo de faire ma connaissance. Je connus là, dans ce monde de *l'Avenir*, l'abbé Gerbet, l'abbé Lacordaire, non célèbre encore, mais déjà brillant de talent, et M. de Montalembert. Des relations, il y en eut donc de moi à eux, et d'agréables ; mais, quant à aucune connexion directe ou ombre de collaboration, il n'y en a pas eu.

C'est en 1831, que Carrel, me sachant libre du côté du *Globe*, me fit proposer par Magnin d'écrire au *National*. J'y entrai, et y restai jusqu'en 1834, y ayant rendu quelques services qui ne furent pas toujours très-bien reconnus. Le libraire, honnête homme, Paulin savait cela mieux que personne, et il m'en a toujours su gré jusqu'à la fin.

En cette même année 1831, un biographe veut bien dire que M. Buloz *m'attacha* à la *Revue des Deux Mondes.* Il y a bien de l'anachronisme dans ce mot. M. Buloz, homme de grand sens et d'une valeur qu'il a montrée depuis, débutait alors fort péniblement ; il essayait de faire une *Revue* qui l'emportât sur *la Revue de Paris.* Il avait le mérite dès lors de concevoir l'idée de cette Revue élevée et forte qu'il a réalisée depuis. Il vint nous demander à tous, qui étions déjà plus ou moins en vue, de lui prêter concours, et c'est ainsi que j'entrai à la *Revue des Deux Mondes*, où je devins l'un des plus actifs bientôt et des plus utiles coopérateurs.

Je composais, en ce temps-là, le livre de *Volupté,* qui parut en 1834 et qui eut le genre de succès que je pouvais désirer.

En 1837, je publiai les *Pensées d'août*, recueil de poésies. Depuis 1830, les choses de ce côté avaient bien changé. Je n'appartenais plus au groupe étroit des poëtes. Je m'étais sensiblement éloigné de Hugo, et ses partisans ardents et nouveaux n'étaient plus, la plupart, de mes amis : ils étaient plutôt le contraire. J'avais pris position de critique dans la *Revue des Deux Mondes*. J'y avais, je crois, déjà critiqué Balzac, ou ne l'avais pas loué suffisamment pour quelqu'un de ses romans, et, dans un de ces accès d'amour-propre qui lui étaient ordinaires, il s'était écrié :

— Je lui passerai ma plume au travers du corps.

Je n'attribue pas exclusivement à ces diverses raisons le succès moindre des *Pensées d'août;* mais, à coup sûr, elles furent pour quelque chose dans l'accueil tout à fait hostile et sauvage qu'on fit à un Recueil qui se recommandait par des tentatives d'art, incomplètes sans doute, mais neuves et sincères.

C'est à la fin de cette année 1837 que, méditant depuis bien du temps déjà un livre sur *Port-Royal,* j'allai en Suisse, à Lausanne, l'exécuter sous forme de cours et de leçons, dans l'*Académie* ou petite université du canton. J'y connus des hommes fort distingués, dont M. Vinet était le premier. Je revins à Paris dans l'été de 1838, n'ayant plus à donner aux leçons que la forme du livre et à fortifier mon travail par une révision exacte et une dernière main-d'œuvre.

J'y mis toute réflexion et tout loisir ; les cinq volumes qui en résultèrent ne furent pas moins de vingt années à paraître[1].

En 1840, sous le ministère de MM. Thiers, Rémusat et Cousin, on

---

1. En cet endroit, M. Sainte-Beuve a laissé à l'état de projet l'indication suivante tracée en quelques mots au crayon : « Ici le passage sur ce que dit M. Saint-René Taillandier dans la *Revue des Deux Mondes* (du 15 janvier 1864), et réfutation. » Il s'agissait d'une assertion erronée au sujet des relations de M. Vinet et de M. Sainte-Beuve à Lausanne. Cette réfutation, bienveillante du reste, M. Sainte-Beuve l'a écrite depuis ailleurs, dans le premier appendice du tome Ier de *Port-Royal* (édition de 1866) ; le chapitre a pour titre : *l'Académie de Lausanne en* 1837.

pensa à me faire ce qu'on appelait une position. Il faut songer, en effet, qu'âgé alors de trente-six ans, n'ayant aucune fortune que ce que me procurait ma plume, ayant débuté en 1824 de compagnie avec des écrivains distingués, parvenus presque tous à des postes élevés et plus ou moins ministres, je n'étais rien, vivais au quatrième sous un nom supposé, dans deux chambres d'étudiant (deux chambres, c'était mon luxe), cour du Commerce. M. Buloz, je dois le dire, fut des premiers à remarquer le désaccord un peu criant. J'en souffrais peu pour mon compte. Pourtant je me laissai faire.

M. Cousin me nomma conservateur à la bibliothèque Mazarine. Je dois dire qu'il m'est arrivé quelquefois de me repentir d'avoir contracté envers lui ce genre d'obligation. Je ne suis pas de ceux qui méconnaissent en rien les hautes qualités d'esprit, l'élévation de talent et le quasi-génie de M. Cousin. J'ai éprouvé de sa part, à des époques différentes, diverses sortes de procédés, et, à une certaine époque, les meilleurs, les plus cordiaux et les plus empressés. Mais, d'autres fois, et lorsque je me suis trouvé en travers ou tout à côté de la passion dominante de M. Cousin, qui est de faire du bruit et de *dominer* en littérature comme en tout, il m'a donné du coude (comme on dit), et n'a pas observé envers moi les égards qu'il aurait eus sans doute pour tout autre avec qui il se fût permis moins de sans-gêne. M. Cousin n'aime pas la concurrence. Je me suis trouvé, vis-à-vis de lui, sans le vouloir, et par le simple fait de priorité, un concurrent et un voisin pour certains sujets. Au lieu de m'accorder ce qui eût été si simple et de si bon goût à un homme de sa supériorité, une mention franche et équitable, il a trouvé plus simple de passer sous silence et de considérer comme non avenu ce qui le gênait. J'appliquerai au procédé qu'il tint à mon égard, notamment à l'occasion de *Port-Royal*, ce que dit Montluc à propos d'une injustice qu'il essuya : « Il sied mal de dérober l'honneur d'autrui; il n'y a rien qui décourage tant un bon cœur. » Un jour que je me plaignais verbalement à M. Cousin, il me fit cette singulière et caractéristique réponse :

— Mon cher ami, je crois être aussi délicat qu'un autre dans le fond ; mais j'avoue que je suis grossier dans la forme.

Après un tel aveu, il n'y avait plus

rien à dire. J'ai dû attendre, pour reprendre et recouvrer ma liberté de parole et d'écrit envers M. Cousin, d'être délivré du lien qui pouvait sembler une obligation, et d'avoir quitté la Mazarine. Il m'est resté de cette affaire un sentiment pénible à tout cœur délicat, et plus de crainte que jamais de recevoir rien qui ressemblât à un service de la part de ceux qui ne sont pas dignes en tout de vous le rendre et de vous tenir obligés pour la vie.

En 1844, je fus nommé à l'Académie française pour remplacer Casimir Delavigne. Je fus reçu par Victor

Hugo ; cette circonstance piquante ajouta à l'intérêt de la séance.

La révolution de février 1848 ne me déconcerta point, quoi qu'on en ait dit, et me trouva plus curieux qu'irrité. Il n'y a que M. Veuillot et ceux qui se soucient aussi peu de la vérité, pour dire que j'y ai eu des peurs bleues ou rouges. J'assistai en observateur attentif à tout ce qui se passa dans Paris pendant les six premiers mois[1].

1. M. Sainte-Beuve m'a souvent raconté que, pendant l'insurrection de juin, il se promenait dans Paris son parapluie à la main (c'est la seule arme qui ne l'ait jamais quitté, même quand il s'était battu et bien battu autrefois en duel au pistolet avec M. Dubois), et s'approchait autant que possible du théâtre de l'insurrection pour

Ce n'est qu'alors que, par nécessité de vivre et en ayant trouvé l'occasion,

avoir des nouvelles. Et, s'il eût pris parti, je ne crois pas que c'eût été en ce moment-là pour ceux qui avaient laissé s'engager l'insurrection. En pensant à la tranquillité de la Chambre qui siégeait pendant que l'on s'égorgeait dans Paris, il rappelait l'effroyable mot de Sylla au Sénat romain. On entend un grand bruit au dehors ; le Sénat s'émeut ; on veut connaître la cause de ce tumulte : « Ce n'est rien, dit Sylla ; ce sont vingt mille citoyens qu'on égorge au champ de Mars. » — Tous les amis de M. Sainte-Beuve lui ont entendu raconter l'épisode suivant des absurdes et à jamais odieuses journées, où l'on ne savait plus pourquoi on tirait des coups de fusil dans la rue. M. Sainte-Beuve se trouvait en compagnie du vieux M. de Feletz, administrateur de la bibliothèque Mazarine, dans son appartement à l'Institut même, avec quelques personnes. Le quartier avait été jusque-là tranquille et à l'abri. Tout d'un coup une fusillade est dirigée contre la façade même du palais Mazarin ; les vitres volent en éclats ; on n'a que le temps de rouler le fauteuil de M. de Feletz entre deux fenêtres, puis l'on n'entend plus rien. M. Sainte-Beuve des-

j'allai en octobre 1848 professer à l'U-
niversité de Liége, où je fus pendant

cend, va voir ce que c'est ; il trouve une compagnie de gardes nationaux de Versailles, qui
venaient d'arriver, campés sur la place ; c'étaient
eux qui avaient tiré sur l'Institut. On cherche à
savoir pourquoi. Ils avaient vu un homme sur
les toits qui avançait prudemment la tète, et qui
avait l'air d'être armé d'un fusil. Ils en avaient
conclu que l'Institut était occupé par les insurgés.
Or, il était arrivé que la personne qui était ainsi
montée sur les toits était un membre de l'Institut, logé dans le palais, M. H..., qui, ayant vu
venir des soldats se ranger sur la place, avait
voulu aussi savoir ce qui se passait, et avait
choisi ce poste d'observation, s'y croyant parfaitement en sûreté et espérant bien de là juger
de la situation. C'était lui que les gardes nationaux avaient aperçu et qu'ils avaient pris pour
un insurgé les guettant. Horace Vernet, comman-
dant de la garde nationale de Versailles, qui se
trouvait justement à peu de distance, était ac-
couru au bruit de la fusillade, et invectiva ses
soldats de la belle manière. Ah ! les... *bêtes* ne
manquèrent pas. Mais M. H... avait eu tort cependant d'être trop curieux.

une année, en qualité de professeur ordinaire. Tout cela est expliqué dans la Préface de mon *Chateaubriand.* Revenu à Paris en septembre 1849, j'entrai presque aussitôt au *Constitutionnel* sur l'invitation de M. Véron, et j'y commençai la série de mes *Lundis*, que j'y continuai sans interruption pendant trois ans, jusqu'à la fin de 1852. C'est alors seulement que je passai au *Moniteur,* où je suis resté plusieurs années.

Nommé par M. Fortoul en 1854 professeur de Poésie latine au Collége de France, en remplacement de M. Tissot, je n'y pus faire que deux leçons,

ayant été empêché par une sorte d'é-
meute, née des passions et préventions politiques. Cette affaire mérite-
rait un petit récit à part que je compte
bien faire un jour.

Nommé, en dédommagement, maître de conférences à l'École normale
par M. Rouland, en 1857, j'y ai pro-
fessé pendant quatre années.

En septembre 1861, je suis rentré
au *Constitutionnel,* et, depuis ce
temps, j'y poursuis la série de mes
Nouveaux Lundis.

Des critiques qui ne me connaissent
pas et qui sont prompts à juger des
autres par eux-mêmes m'ont prêté,

4

durant cette dernière partie de ma vie si active, bien des sentiments, des amours ou des haines, qu'un homme aussi occupé que je le suis et changeant si souvent d'études et de sujets, n'a vraiment pas le temps d'avoir ni d'entretenir. Voué et adonné à mon métier de critique, j'ai tâché d'être de plus en plus un bon et, s'il se peut, habile ouvrier.

Nous compléterons le document qu'on vient de lire par la publication des deux lettres suivantes que M. Sainte-Beuve écrivit à M. Alphonse Le Roy, professeur à l'Université de Liége. Nous n'en supprimerons pas les répétitions qui concordent avec certains faits indiqués déjà dans le Fragment biographique qui précède. Ils se retrouvent ici avec des détails nouveaux, relatifs même aux dates de naissance, aux renseignements de famille, d'éducation, etc. Nous avons ainsi deux fois un

Sainte-Beuve raconté par lui-même, et qui ne pouvait rien omettre, dans aucun des deux récits, de ce que l'on demande d'abord à une biographie, même courte. M. Sainte-Beuve n'a pas laissé de Mémoires, il n'avait pas le temps d'en faire, mais les traits répandus à profusion dans ses Écrits, et qui touchent à sa physionomie de près, formeraient un Recueil qui deviendrait aisément un volume de Mémoires. Il n'en restera pas moins dans l'Histoire littéraire une lacune que lui seul, qui aimait tant l'exactitude, aurait pu combler, et l'on n'ose y toucher après lui, même quand on l'a bien connu, parce que la palette intime de l'écrivain, celle qui rendrait le mieux le ton et les nuances de ses sentiments et de son caractère, a été brisée. Il n'y avait que lui pour parler de lui-même. C'est encore à sa Correspondance que nous emprunterons le plus, quand nous voudrons faire une autobiographie. — M. Alphonse Le Roy avait été chargé par le Conseil académique de l'Université de Liége, qui venait de célébrer son cin-

quantième aniversaire (le 3 novembre 1867),
de composer une histoire même de cette Université, un *Liber memorialis*, destiné à
toutes les grandes bibliothèques publiques
. du monde savant en Europe et en Amérique;
une Notice sur tous les professeurs qui y
avaient enseigné depuis l'année de sa fondation (1817) devait y trouver place, et non-
seulement une Notice biographique, mais
bibliographique. M. Alphonse Le Roy fit
l'honneur à M. Sainte-Beuve de s'adresser à
lui-même pour ce qui le concernait, et lui
posa diverses questions auxquelles M. Sainte-
Beuve répondit d'abord par cette première
lettre :

« Ce 23 juin 1868.

» Cher monsieur,

» Permettez en commençant cette
familiarité à un quasi-collègue. Les
questions que vous me faites l'honneur
de m'adresser et qui me reportent à
mes souvenirs de Liége ne peuvent

que me flatter infiniment. Je voudrais être en mesure d'y répondre d'une manière tout à fait satisfaisante.

‣ Au point de vue de l'exactitude bibliographique et du complet, je ne sais aucune notice qui puisse remplir votre objet. J'ai eu souvent à me louer d'articles très-bienveillants, et, autant que je pouvais me permettre d'en juger, fort bien faits ; mais tous conçus à un point de vue purement littéraire et contenant des jugements plus que des faits. J'ai quelquefois moi-même contribué à donner quelques notes ; mais, je dois le dire, tout cela était fort sec et pas très-complet. Un travail biblio-

graphique sur mon compte est donc
chose toute nouvelle, et je n'oserais
vous promettre de l'exécuter moi-
même convenablement, surtout dans
l'état de santé où je suis depuis plus
d'une année.

» Si vous le voulez bien cependant,
je vous enverrai une notice qui sera
au moins exacte dans les parties qu'elle
contiendra. J'estimerai à très-grand
honneur de voir mon nom sur la liste
de ceux qui appartiennent à une Université si libérale et que j'ai trouvée à
mon égard, en des temps difficiles, si
bienveillante et si hospitalière.

» Veuillez agréer, cher monsieur,

l'hommage de mes sentiments affec-
tueux,

» SAINTE-BEUVE. »

Voici cette Notice que M. Sainte-Beuve
écrivit sur lui-même dans une seconde lettre
à M. Le Roy :

« Ce 28 juin 1868.

» Cher monsieur,

» Je commence à m'acquitter et je
me mets sans plus différer à vous
donner le canevas le plus exact de ma
biographie et de ma bibliographie.

» Charles-Augustin Sainte-Beuve

est né le 2 nivôse an XIII (23 décembre
1804) à Boulogne-sur-Mer. Son père,
contrôleur principal des droits réunis
de l'arrondissement, directeur de l'octroi de Boulogne, s'était marié et était
mort en cette même année 1804, avant
la naissance de son fils. Sa mère,
fille d'un marin de Boulogne et d'une
Anglaise, éleva le jeune enfant de
concert avec une belle-sœur, une sœur
de son père.

« Quant à la question de savoir si
Charles-Augustin avait quelque degré de parenté avec le docteur Jacques
de Sainte-Beuve du XVIIᵉ siècle, ce
point a été touché dans la dernière

édition de *Port-Royal*, donnée en 1867 (au tome IVe, page 564). M. Sainte-Beuve n'a rien de certain sur cette parenté. Il n'en sait absolument rien.

» Né dans l'honnête bourgeoisie, mais dans la plus modeste des conditions, Charles-Augustin fit ses études dans sa ville natale et y acheva même toutes ses classes, y compris la rhétorique, dans la pension laïque de M. Blériot, sous un bon humaniste, natif de Montdidier, appelé M. Cloüet[1].

1. Je retrouve des livres classiques qui ont servi à M. Sainte-Beuve pour faire ses études, et qui portent la signature de M. Cloüet : un *Horace* entre autres (édition de Rouen, expurgée — cela va sans dire — à l'usage des classes, et publiée par un jésuite, *Josephus Juvencius S. J.*,

Ayant achevé cette rhétorique à treize ans et demi, il aspirait à venir à Paris

1736). M. Cloüet a ecrit sur la garde de ce petit livre des pensées littéraires de lui sur « le plus parfait des poëtes latins après Virgile », suivies de vers de Gresset et de Voltaire à l'éloge d'Horace. Ces deux pages de la main du professeur sont datées de « vendredi 31 octobre 1817 ». Le jeune élève a mis deux fois sa signature au-dessous de celle de son maître : « Sainte-Beuve, 1er mai 1818 ; » c'était l'année de son départ pour Paris; — « Sainte-Beuve, 19 janvier 1822 ; » il était bien près de quitter définitivement l'école et le collége cette année-là. — Un autre *Horace* de 1760, en deux volumes et traduit en français, ayant également appartenu à M. Cloüet, porte quelques lignes de la plus jeune écriture de M. Sainte-Beuve, concernant la vie du poëte latin. — Je lis encore, sur un petit exemplaire des *Commentaires de César*, qui lui venait aussi de son maître, ce court jugement de collége, daté, signé et parafé : « César, grand capitaine et grand littérateur, d'un génie aussi élevé que d'un courage ardent, a laissé des Commentaires célèbres par la pureté du style, par la sagesse de la narration, par la justesse des idées. — Boulogne, 23 juin 1818. Sainte-Beuve. » —

5

recommencer en partie et fortifier ses études ; il y décida sa mère, toute dévouée à l'avenir de son fils. Venu à Paris en septembre 1818, entré à l'institution de M. Landry, rue de la Cerisaie au Marais, il suivit les classes du collége Charlemagne à partir de la troisième. Dès la première année, au concours général de 1819, il obtint le premier prix d'histoire (l'histoire était une faculté tout nouvellement instituée dans les colléges) [1].

M. Sainte-Beuve a écrit depuis, dans ces dernières années (mais pour lui seul), un début d'article plus long, plus vif et plus complet sur *César*, qu'il a gardé en portefeuille.

1. Et naturellement on lui donna pour livre de prix l'*Histoire romaine* de Rollin, qui n'est

> En 1821, l'institution de M. Landry ayant changé de quartier et s'étant

jamais sortie de sa bibliothèque, et qui y est encore, à la place où il l'a laissée. L'année suivante, il eut un prix de semestre, consistant en une jolie édition latine de Tite-Live, à laquelle M. Sainte-Beuve a attaché ce souvenir particulier, en tête du premier volume : « 1820. Année de la naissance de M. le duc de Bordeaux. La ville de Paris décerna un prix cette année-là. Je l'obtins surtout pour avoir fait une pièce de *vers latins* sur le sujet qui nous avait été proposé de la *mort du duc de Berry*. Ma pièce commençait ainsi :

Ite mei fletus, et vos cum fletibus ite
   Carmina, inæquali carmina capta pede.
Occidit heu! Biturix. . . . . etc. »

Inæquali carmina capta pede; — à l'imitation de l'antique, l'écolier indiquait en quels vers (hexamètre et pentamètre) il avait écrit sa composition. — Il y eut encore, paraît-il, à Charlemagne un nouveau prix de semestre, offert l'année d'après par la ville de Paris, et, cette fois, à l'occasion du baptême de M. le duc de Bordeaux. M. Sainte-Beuve obtint le premier prix d'excel-

transportée rue Blanche (Chaussée-
d'Antin), le jeune Sainte-Beuve suivit

lence en rhétorique de première année (30 avril
1821). L'ouvrage qu'on lui donna, et qui a conservé sur la garde l'inscription du collége, avait
son à-propos en ce moment-là : c'est la brochure
toute de circonstance de Chateaubriand, *Mémoires, Lettres et Pièces authentiques touchant
la vie et la mort du duc de Berry* (1820). — La
Restauration n'abreuvait pas moins les *chers
élèves* de l'Université de son culte que le régime
impérial précédent ne l'avait fait, mais elle pe-
sait cependant moins sur eux ; on n'était plus
sous une main de fer. — Je trouve aussi une
Histoire du roi Henri le Grand par Hardouin de
Péréfixe, parmi les prix de M. Sainte-Beuve en
1821. — Et enfin un beau et magnifique *Virgile*
(celui de Burmann, Amsterdam, 1746, en quatre
volumes), qui fut son premier prix de vers latins
au concours général de 1822, comme vétéran de
rhétorique au collége Bourbon. Avec Virgile,
nous rentrons dans l'un des goûts de prédilection de toute sa vie et qui avaient commencé au
collége : Homère, Virgile, Racine, Lamartine. —
Lamartine ! — Le poëte élégiaque et attendri en
Sainte-Beuve aima toujours à se redire ces
beaux vers qui avaient fait battre son cœur aux

les classes du collége Bourbon, où il
fit sa rhétorique et sa philosophie, ainsi

premières années d'adolescence. — « Ah ! quand
les *Méditations* parurent, disait-il, j'étais encore
en classe (1820) ; j'avais seize ans ; on nous laissait assez libres, à la pension Landry, de lire
tout ce que nous voulions : nous n'étions pas,
comme les écoliers d'aujourd'hui, obligés de nous
cacher pour connaître ce qui se publiait au dehors de beau et de grand ; il y avait un esprit
plus large, un souffle plus généreux et plus libéral (sans prétention à vouloir le paraître) dans
la façon de ce temps-là de comprendre l'enseignement. Nous lisions les nouveaux livres tout
haut en récréation : on ne se figure plus aujour-
d'hui, on ne peut plus se figurer quel enthousiasme, quel transport ce fut pour les premiers
vers de Lamartine parmi ceux de notre âge ;
nous tous qui voulions faire des vers, nous
fûmes touchés ; nous ressentions là le contre-coup
d'une révélation ; un soleil nouveau nous arrivait
et nous réchauffait déjà de ses rayons... » — Et
me transportant moi-même, aujourd'hui, de ces
souvenirs d'un passé qui me revient par bribes
des conversations de M. Sainte-Beuve, à l'autre
extrémité de sa vie, à ses derniers mois, lorsque M. de Lamartine est mort (le 28 février 1869),

que des mathématiques. Il obtint au
concours général de 1822 le premier
prix de vers latins parmi les vétérans.
Il se livra ensuite à des études de
sciences et de médecine, et il continua
ces dernières jusqu'en 1827, c'est-à-
dire pendant près de quatre ans. Il fit,

M. Sainte-Beuve, qui allait le suivre de si près,
ne crut pouvoir mieux honorer la mémoire du
grand poëte qu'en relisant un soir, à table, après
le dîner, d'une voix et d'un accent inspirés par
le sujet même et dont la douceur et le charme
pénétraient ceux qui l'entouraient, ces belles
strophes, la plus belle musique de deuil qu'on
ait écrite en poésie, et qui ont pour titre *le
Passé* :

       Arrêtons-nous sur la colline
       A l'heure où partageant les jours, etc.

Je ne puis oublier la voix de M. Sainte-Beuve,

pendant une année, le service d'externe à l'hôpital Saint-Louis, et en général il profita beaucoup de tout l'enseignement médical, anatomique et physiologique, à cette date.

» Cependant, dès l'année 1824, à l'automne, s'était fondé un nouveau

redisant presque de souvenir la strophe entière :

> Reconnais-tu ce beau rivage?
> Cette mer aux flots argentés,
> Qui ne fait que bercer l'image
> Des bords dans son sein répétés?
> Un nom chéri vole sur l'onde!...
> Mais pas une voix qui réponde,
> Que le flot grondant sur l'écueil.
> Malheureux! quel nom tu prononces
> Ne vois-tu pas parmi ces ronces
> Ce nom gravé sur un cercueil?...

On eût cru que M. Sainte-Beuve se redisait à lui-même le chant funèbre de plus d'une illusion, à la fin de sa vie.

journal, *le Globe*, dirigé par d'anciens et encore très-jeunes professeurs de l'Université, que le triomphe de la faction religieuse avait éloignés de l'enseignement. Le rédacteur en chef notamment, M. Dubois, avait été professeur de rhétorique de M. Sainte-Beuve, ce qui facilita au jeune étudiant en médecine son entrée au *Globe* pour l'insertion d'articles littéraires : ces premiers articles littéraires qu'il y donna depuis 1824 et dans les années suivantes n'ont point encore été recueillis. Ils portaient en général sur des ouvrages historiques, sur des mémoires relatifs à la Révolution française, sur des ouvrages aussi de poésie et de pure littérature.

» L'Académie française ayant proposé pour sujet de prix le *Tableau littéraire du* XVIᵉ *siècle*, M. Sainte-Beuve, sur le conseil de M. Daunou, l'ancien conventionnel et l'illustre érudit (lequel était de Boulogne-sur-Mer), se mit à étudier le sujet, et, renonçant à concourir pour l'Académie, il se prit à vouloir approfondir le côté purement poétique du *Tableau.* Cela le conduisit à insérer dans *le Globe*, en 1827, une série d'articles, qui furent recueillis en 1828 sous ce titre : *Tableau historique et critique de la Poésie française et*

5.

du Théâtre français au xvie *siècle*
(Paris, in-8°). L'ouvrage avait deux volumes; mais le second contenait simplement les *OEuvres choisies de Pierre
de Ronsard, avec notices, notes et
commentaires*. Cette réhabilitation de
Ronsard et en général de la poésie du
xvie siècle excita dans le temps une
vive polémique et rangea d'emblée
M. Sainte-Beuve parmi les adhérents
du romantisme.

› Et, en effet, dès le 2 janvier 1827,
un article de lui inséré dans *le Globe*
et qui fut remarqué de Gœthe (ainsi
que nous l'apprend Eckermann), avait
mis M. Sainte-Beuve en relation avec

Victor Hugo, et cette relation devint bientôt une intimité. Elle dura pendant plusieurs années et hâta le développement poétique de M. Sainte-Beuve ou même y donna jour. En 1829, M. Sainte-Beuve publiait, sans y mettre son nom, le petit volume in-16, intitulé *Vie, Poésies et Pensées de Joseph Delorme*. Ce Joseph Delorme, sans être *lui* tout à fait quant aux circonstances biographiques, était assez fidèlement son image au moral. Ce petit volume classa M. Sainte-Beuve parmi les poëtes novateurs, comme son *Tableau de la Poésie française* l'avait classé parmi les critiques.

› L'année suivante, au mois de mars 1830, il publiait le recueil de Poésies intitulé *les Consolations*, lequel eut un succès moins contesté que celui de *Joseph Delorme.*

• Dès le mois d'avril 1829, dans la *Revue de Paris*, fondée par le docteur Véron, M. Sainte-Beuve insérait des articles plus étendus que ceux qu'il pouvait donner dans *le Globe*, des articles sur Boileau, la Fontaine, Racine, Jean-Baptiste Rousseau, Mathurin Regnier et André Chénier, par lesquels il inaugurait le genre de Portraits littéraires qu'il a développé depuis.

› La révolution de juillet 1830 ne

laissa pas d'apporter quelque trouble dans les travaux littéraires des jeunes écrivains et dans les préoccupations des poëtes romantiques de cette époque. M. Sainte-Beuve, pendant les premiers mois qui suivirent cette révolution, collabora plus activement au *Globe* par des articles non signés ; et, l'année suivante, il se rattachait même au journal *le National*, dirigé par Armand Carrel. Mais ses incursions dans la politique furent courtes, et il se tint ou revint le plus possible dans sa ligne littéraire. La *Revue des Deux Mondes*, dirigée par M. Buloz dès 1831, lui fournit un cadre commode à ses études critiques. Il y débuta par un article sur Georges Farcy, jeune professeur de philosophie tué pendant les journées de Juillet. Ces articles critiques de M. Sainte-Beuve, tant ceux de la *Revue de Paris* que de la *Revue des Deux Mondes*, furent recueillis en cinq volumes in-8° qui parurent successivement, de 1832 à 1839, sous le titre de *Critiques et Portraits littéraires*. Mais, depuis, ces articles, continuellement accrus et augmentés, furent autrement distribués et recueillis dans le format in-12, sous les titres de *Portraits de femmes*, — *Portraits littéraires*, — *Portraits contempo-*

rains, — *Derniers Portraits.* Cette collection qui, prise dans son ensemble, ne forme pas moins de sept volumes, a été bien des fois réimprimée avec de légères variantes depuis 1844 jusqu'à ces dernières années. Il serait superflu d'en énumérer les diverses éditions ou tirages.

» Mais, en 1834, M. Sainte-Beuve publiait un roman en deux volumes in-8° qui avait titre *Volupté.* Cet ouvrage, à l'heure qu'il est, a eu jusqu'à cinq éditions, toutes réelles, chacune des quatre dernières formant un volume in-12 [1].

1. Il vient d'être réimprimé en 1869, avec de

• En 1837, M. Sainte-Beuve publia un volume de Poésies (in-18) : *Pensées d'août*. Ce dernier recueil, joint à celui des *Consolations* et de *Joseph Delorme*, a contribué à former le volume intitulé *Poésies complètes de Sainte-Beuve*, in-12, lequel, imprimé en 1840, a eu depuis plusieurs éditions. Une édition dernière, qui a paru chez le libraire Michel Lévy en 1863,

nombreux et très-intéressants Appendices. M. Sainte-Beuve y a réuni des appréciations critiques de *Volupté,* contenues dans des lettres de Chateaubriand, Mme Sand, M. Michelet, M. Villemain, etc.; une surtout qui, sous forme de lettre, est la critique la plus complète *et* peut-être la plus remarquable qu'on ait écrite sur le roman de *Volupté*, due à la plume du marquis Aynard de la Tour du Pin (mort depuis colonel).

forme deux volumes et est préférable pour le complet à toutes les autres.

› Dans l'automne de 1837, M. Sainte-Beuve, voyageant en Suisse, fut invité à donner un cours d'une année comme professeur extraordinaire à l'Académie de Lausanne sur le sujet de *Port-Royal,* dont il s'occupait depuis quelques années déjà. Il fit ce cours en quatre-vingt-une leçons dans l'année scolaire 1837-1838, et il bâtit ainsi l'ouvrage qui parut successivement en cinq volumes in-8°, depuis 1840 jusqu'en 1859. L'intervalle qu'il y eut entre la publication de plusieurs des volumes s'explique par les travaux ou les événements qui traversèrent la vie littéraire de M. Sainte-Beuve. Cet ouvrage de *Port-Royal* (3ᵉ édition) a été publié en six volumes (format in-12) en 1867 ; et cette dernière édition, très-augmentée, est nécessaire pour qui veut connaître non-seulement *Port-Royal*, mais beaucoup de circonstances de la vie morale et littéraire de M. Sainte-Beuve.

, La révolution de février 1848 dérangea l'existence de M. Sainte-Beuve. Il était depuis 1840 l'un des conservateurs de la Bibliothèque Mazarine. Nommé en 1844 membre de l'Académie française à la place de Casimir Delavigne, il y avait été reçu le 17 février 1845 par M. Victor Hugo, qui était alors directeur ou président. — L'instabilité qui, après la révolution de février 1848, semblait devoir présider pour longtemps aux destinées de la France, détermina M. Sainte-Beuve à prêter l'oreille à l'appel qu'on faisait d'un professeur de littérature française pour l'Université de Liége. M. Charles Rogier, ministre de l'intérieur, qu'il connaissait depuis très-longtemps, le décida à accepter, et il arriva à Liége en octobre 1848. Les difficultés étaient grandes, plus même que ne l'avait soupçonné M. Sainte-

Beuve. Il eut le bonheur de trouver
dans M. Borgnet, recteur, un homme
équitable et juste, et dans le public et
dans la jeunesse une disposition à l'é-
couter avant de le juger. Il faisait trois
cours par semaine : lundi, mercredi et
vendredi. Le cours du lundi, qui était
à la fois pour les élèves et pour le public et qui se tenait dans la grande
salle académique, roulait sur Chateaubriand et son époque. Le cours
du mercredi et du vendredi, destiné
aux seuls élèves, embrassait l'ensemble de la littérature française. Vers le
temps de Pâques et pendant les derniers mois, M. Sainte-Beuve eut en-

core à faire des conférences de rhétorique et de style pour les sept ou huit
élèves qui se préparaient à l'enseignement. Les souvenirs que M. Sainte-
Beuve a gardés de cette année d'étude
et d'Université lui sont demeurés précieux. Il n'a tenu qu'à peu de chose
qu'il ne fixàt à Liége sa destinée et
qu'il n'y plantât sa tente, au moins
pour quelques années, ainsi que l'eût
désiré le ministre de l'intérieur,
M. Charles Rogier. Il n'a pu payer à
la Belgique son tribut public de reconnaissance qu'un peu tard, lorsqu'il pu-
plia, en 1861, les deux volumes inti-
tulés : *Chateaubriand et son groupe*

littéraire sous l'Empire. Sa vie de
Liége et les travaux qu'il y prépara se
trouvent indiqués et résumés dans ces
volumes.

» Non marié, mais ayant sa mère
plus qu'octogénaire [1], M. Sainte-Beuve

---

1. Mme Sainte-Beuve est morte à Paris, dans
sa maison de la rue Mont-Parnasse, où est mort
aussi son fils, le 17 novembre 1850 à cinq
heures de l'après-midi. Elle avait quatre-vingt-
six ans. Son fils lui ressemblait beaucoup, dit-
on ; quelqu'un qui avait bien connu Mme Sainte-
Beuve, et qui a le droit d'avoir un avis sur ces
matières de santé, répétait souvent à M. Sainte-
Beuve qu'il vivrait jusqu'à l'âge de sa mère.
C'est à quoi du moins il paraissait destiné, pour
qui le voyait tous les jours de bien près. Poitrine large et forte, constitution qu'on eût dite
des plus robustes, épaules carrées (il avait une
grosse veine bleue sur la poitrine à droite, près
du sein, qui frappait tout d'abord le regard), la
voix toujours ferme et haute sans fatigue, l'ap-
pétit solide même durant ses souffrances, sans

revint à Paris en septembre 1849,
sous la présidence du prince Louis-
Napoléon. Le docteur Véron lui proposa immédiatement de commencer
dans le journal *le Constitutionnel*
qu'il dirigeait une série d'articles littéraires paraissant tous les lundis. Ces
articles réussirent et donnèrent le signal d'une reprise de la littérature.
M. Sainte-Beuve les continua trois ans
au *Constitutionnel*, puis ensuite dans
le Moniteur, devenu journal de l'Em

répugnance pour aucun mets, pas de délicatesse
maladive, un organisme des plus sains, de lé-
sion nulle part, sauf celle produite par la maladie dont il est mort, et qui n'était peut-être pas
incurable.

pire. La collection de ces articles en
volumes se fit à partir de 1851, sous
le titre de *Causeries du Lundi*, et elle
se continua pendant les années suivantes au point de former en définitive quinze volumes in-18 [1].

1. La Table générale analytique qui se trouvait
à la fin du onzième volume a été supprimée
comme ne rem; lissant plus son objet par suite
des éditions nouvelles de l'ouvrage, à chacune
desquelles M. Sainte-Beuve ajoutait quelque
chose dans ses articles; enfin les trois volumes
qui ont porté de onze à quinze le chiffre de la
collection des *Causeries* nécessitaient une nouvelle Table, qui n'a point encore été faite.
M. Sainte-Beuve l'a remplacée dans le onzième
volume par une centaine de pages des plus piquantes, intitulées *Notes et Pensées*, dans lesquelles, comme il disait, « il a vidé tous ses
cahiers ». Ce sont des jugements et éclaircisse-
ments sur ses contemporains, des pages de
Mémoires. — M. Paul Chéron, auteur de la première Table , a composé par cartes la Bibliogra-

> Mais, dans l'intervalle, M. Sainte-Beuve fut nommé professeur de Poésie

phie de M. Sainte-Beuve encore inédite. Nous devons signaler, parmi ce que M. Sainte-Beuve a omis d'indiquer, les quatre articles sur *Proudhon*, de la *Revue contemporaine* (octobre, novembre et décembre 1865), qui seront prochainement réunis en volumes. — Nous avons eu à publier, depuis la mort de M. Sainte-Beuve, un dernier et nouvel article sur *Mme Tastu*, qui lui avait été demandé par les éditeurs des *Causeries*. MM. Garnier, pour l'un des deux volumes extraits de ce Recueil, *Galerie de Femmes célèbres*. — M. Sainte-Beuve s'est fait éditeur, en 1868, à l'*Académie des Bibliophiles*, d'une *Préface aux Annales de Tacite, par Senac de Meilhan*, suivie d'une *Lettre du prince de Ligne à M. de Meilhan*. Il y a mis des notes assez vives et un Avertissement. Cette publication doit compter en dernier lieu dans sa Bibliographie. — Son dernier article, et qu'il n'a pu achever, a été sur les Mémoires de M. le comte d'Alton-Shée, son cousin. Ce sont onze feuillets posthumes, qui trouveront place à la fin des *Nouveaux Lundis*. Un journal (*la Cloche*, du 15 février 1870) en a déjà eu la primeur.

6

latine au Collége de France en 1854,
en remplacement de M. Tissot : il fit
son discours d'ouverture le 9 mars
1855. Cette leçon d'ouverture, qui fut
suivie d'une seconde, fut troublée par
des manifestations tenant à la politique, et le cours en resta là. M. Sainte-
Beuve fit ce qu'il devait, et il ne désire
point aujourd'hui, sur ce chapitre délicat, avoir à s'expliquer davantage.
L'injustice dont il croit avoir été un
moment l'objet a été trop amplement
réparée et compensée depuis par des
témoignages publics de sympathie et
d'indulgence.

. Il tint à honneur toutefois de publier la première partie du cours qu'il devait professer. De là le volume intitulé : *Étude sur Virgile*, un volume in-18 (1857). Le nom de M. Sainte-Beuve a continué de figurer en qualité de professeur titulaire sur les affiches du Collége de France, mais il a depuis longtemps renoncé à tous ses droits.

› Le ministre de l'instruction publique, M. Rouland, nomma M. Sainte-Beuve maître de conférences à l'École normale supérieure, afin d'utiliser ses services. M. Sainte-Beuve a rempli ces fonctions très-exactement à l'École normale pendant trois ou quatre ans (1858-1861).

» C'est alors que sa plume de critique et de journaliste fut réclamée de nouveau par le journal *le Constitutionnel,* et il y reprit ses articles littéraires du *Lundi* à dater du 16 septembre 1861. Il remplit de nouveau toute une carrière, et la série de ces articles, recueillis à partir de 1863 sous le titre de *Nouveaux Lundis,* ne forme pas aujourd'hui (1868) moins de dix volumes qui auront même une suite.

» La fatigue ne laissait pas de se faire sentir. L'Empereur voulut bien conférer en avril 1865 [1] à M. Sainte-

1. Le décret est signé du 28.

Beuve la dignité de sénateur. —
M. Sainte-Beuve est, depuis le
11 août 1859, commandeur de la
Légion d'honneur [1].

» Sa santé altérée, et d'une manière qui paraît devoir être définitive,
lui avait peu permis d'intervenir dans
les discussions du Sénat, lorsque des
circonstances qui intéressaient vivement ses convictions l'y ont en quelque sorte obligé. Le rôle qu'il y a pris
et qui a fait de lui comme le défenseur
déclaré de la libre pensée a été moins

---

1. Le 31 janvier 1867, le Bureau du *Journal
des Savants* élut M. Sainte-Beuve en remplacement de M. Cousin. Il y donna quelques articles.

6.

le résultat d'une volonté réfléchie que d'un mouvement irrésistible.

» Il me semble que c'est assez pour une fois et que je suis rassasié d'en prendre.

• Tout à vous, mon cher monsieur,

» SAINTE-BEUVE. »

J'ai différé jusqu'à présent de parler du père de M. Sainte-Beuve. Je vais le faire avec plus d'étendue ici que ne me l'eût permis plus haut le cadre restreint d'une note. *Charles-François de Sainte-Beuve* (ce sont ses nom et prénoms que je copie sur son extrait de naissance) était né, comme nous l'apprend son fils, au bourg de Moreuil en Picardie (aujourd'hui département de la Somme, arrondissement de Montdidier), le 6 novembre 1752. Son père, *Jean-François de Sainte-*

Beuve, y était contrôleur des actes ; sa mère s'appelait Marie Donzelle. Il n'était pas l'aîné de ses frères ou sœurs, et il en eut bien d'autres, en tout sept enfants.

M. Sainte-Beuve nous a souvent raconté dans quelles circonstances il avait fait connaissance de l'un de ses oncles paternels : c'était la première personne qu'il avait vue en arrivant à Paris, en 1818. Cet oncle demeurait place Dauphine ; il y occupait une maison à lui tout seul : il était marchand de vin [1]. Mme Sainte-Beuve conduisit son fils chez son beau-frère, qui était un brave homme, et la

1. Il se nommait *François-Théodore de Sainte-Beuve :* je relève son nom sur le contrat de mariage de M. de Sainte-Beuve père, où il est mentionné comme absent de Boulogne (le 29 ventôse an XII, 20 mars 1804). C'était le dernier né de la famille. Sa qualité de *marchand de vin, demeurant à Paris,* me le fait reconnaître. — Nous savons aussi par M. Sainte-Beuve qu'après la mort de son père, une de ses tantes du côté paternel était venue se joindre à sa mère, veuve dès le huitième mois de son mariage, et avait contribué à l'élever. C'est de cette sœur de son mari qu'il est question dans la lettre citée plus haut du chef d'institution, M. Landry, à Mme Sainte-Beuve mère.

conversation roula sur le choix d'un professeur qu'il fallait donner au jeune homme pour
le perfectionner dans ses études, en attendant
le collége. L'oncle leur parla alors d'un savant qu'il connaissait dans le quartier Saint-
Jacques, un ancien prêtre qui s'était marié à
la Révolution, et qui avait siégé à la Convention. Il donnait aujourd'hui des leçons de latin
et de grec (on était en 1818), et il élevait lui-
même son fils, qui avait reçu de lui une très-
bonne éducation. Mais, par exemple, « il le
mène *à la baguette,* il est très-sévère », —
c'était un avis amical donné par l'oncle à son
neveu. — On conduisit le jeune Sainte-Beuve
chez ce professeur, qui avait en effet le ton
rude et autoritaire (comme on dirait aujour-
d'hui) des anciens jours. Son fils ne lui résis-
tait pas : c'était encore un enfant. Sur l'ordre
de son père, il monta sur la table et déclama,
sans se tromper, tout un chant d'un poëme antique latin ou grec (M. Sainte-Beuve désignait
même le chant du poëme, que j'ai oublié), —
et du reste le fils de l'ex-conventionnel était

capable des deux langues. Le père était émer-
veillé de son fils en l'écoutant, mais il ne le
montrait pas trop : ce jeune homme qui était
déjà si instruit, et qui tremblait devant son re-
doutable père, devait être un jour le spirituel
écrivain et rédacteur du *Journal des Débats,*
M. Philarète Chasles. Il eut depuis bien
d'autres vicissitudes ; il fit un séjour forcé à
Londres pour échapper à une accusation de
complot à Paris sous cette même Restauration, où, lui dit son père, « ton avenir, avec
mon nom, est désormais perdu en France ».
Il apprit l'anglais (qu'il sait si bien) en Angleterre, mais il n'a pas oublié non plus cette
première rencontre de sa jeunesse (presque
de l'enfance) avec M. Sainte-Beuve, qui la lui
rappelait naguère. Son père, homme inflexible,
avait de la tendresse pour l'oncle de M. Sainte-
Beuve, et se montra constamment d'une reconnaissance à toute épreuve (comme pouvait
la ressentir un homme de sa trempe) pour un
service que lui avait rendu le marchand de
vin de la place Dauphine : il l'avait gardé une

fois quelque temps caché dans sa maison, je
ne saurais dire aujourd'hui à quelle époque
ni à quelle occasion de terreur (qui n'était plus
celle de Robespierre) et où il y allait toujours,
pour un conventionnel proscrit, de la tête.
L'oncle de M. Sainte-Beuve lui avait sauvé la
vie [1].

J'ai là, rassemblées autour de moi, en ce
moment, les reliques de M. de Sainte-Beuve
père. Ce sont, pour la plupart, des livres
couverts de remarques et annotations ma-
nuscrites, comme ceux qui composaient la
bibliothèque de son fils, aujourd'hui disper-
sée : on dirait que le père a transmis au fils,

1. On lit dans le *Journal des Débats et des Décrets*
(n° 142, page 89), rédigé par Louvet, au compte rendu
de la séance de la Convention du 7 février 1793 :
« Aubry, ancien militaire, après beaucoup de difficultés, obtient la parole (dans la discussion d'un
projet de nouvelle organisation de l'armée où la garde
nationale et la ligne devaient se confondre). — Chasles
interrompait presque à chaque mot. — Louvet dit à
Chasles : « Il n'est point question d'organiser un
» corps de chanoines ; taisez-vous ; » — et Chasles
parle toujours. » — Chasles, en effet, avait été cha-
noine au chapitre de Chartres avant la Révolution. Et
Louvet, dans sa pointe, se montrait bien toujours le
digne auteur de *Faublas*.

en mourant, tous ses goûts avec sa manière
d'étudier, la plume ou le crayon à la main. Et
ce ne sont pas seulement des livres, mais
des lambeaux de papier, évidemment ce qu'il
trouvait à sa portée et qui lui servait à fixer
sur-le-champ un *memorandum* improvisé. S'il
ne composait pas [1], il prenait des notes [2].

1. Il y a cependant une petite plaquette in-8º de
quinze pages, en vers, intitulée : *la Conversion des
Philosophes, Nouvelle*, sur laquelle se trouvent écrits
ces mots à la main : *Par mon père*. M. Sainte-Beuve
n'avait jamais parlé de cela à personne, et je pourrais me tromper sur l'écriture bien ancienne des
trois mots manuscrits qui me feraient croire que cette
brochure est de son père. C'est une espèce de satire
ou conte à l'adresse d'un écrivain bien oublié aujour-
d'hui, Mᵐᵉ de Genlis, et qui venait de publier alors
les Arabesques mythologiques, — « avec figures », a
bien soin d'ajouter, dans un petit Avertissement, l'auteur de la satire que j'ai sous les yeux. C'est à l'une
de ces figures peut-être que fait allusion une gaillar-
dise de ce court poëme, qui a le sel gai. Parmi les
livres de M. de Sainte-Beuve père, qu'il avait bien lus
et (paraît-il) bien goûtés, se trouvent les OEuvres de
Gresset et *la Pucelle* de Voltaire. Si la brochure en
question est bien réellement de lui, il s'y range,
en raillant, du côté des grands moralistes et philosophes de l'Antiquité contre cette pimbêche, bavarde et
pédante de Mᵐᵉ de Genlis, qui essayait de les châ-
trer, et qui publiait, en 1801, des *Heures nouvelles*.

2. Il marquait, en courant, la date d'un fait histori-

En déchiffrant aujourd'hui cette écriture effacée du père, jetée à la hâte sur le premier *chiffon* venu, sur la garde d'une brochure dépareillée où se lit ce nom en guise d'envoi :

« Au citoyen Sainte-Beuve, administrateur [1]

que qu'il lui importait de se rappeler, tel que celui-ci par exemple : « Pie VI mourut ou, pour mieux dire, s'endormit à Valence, le 19 août 1790 (le 2 fructidor an vii). » — Quelquefois c'est un vers d'Horace, le plus souvent un vers de Virgile, mais nous y reviendrons.

1. Je ne sais à quelle fonction répondait alors cette qualité que je retrouve plusieurs fois, écrite en abrégé, sur les papiers de ce temps-là, ayant appartenu à M. de Sainte-Beuve père. — Sur son contrat de mariage, qui est du 29 ventôse an xii, il prend titre et qualité de directeur de l'octroi municipal et de bienfaisance de Boulogne-sur-Mer. — Voici un billet antérieur, imprimé, dont les blancs sont remplis à son nom :

« Cn Sainte-Beuve, ad teur. — Boulogne le.... vendre, l'an 3me de la République Française, une et indivisible. — Citoyen, en exécution de l'article 10 du titre 7 de la loi du 21 pluviôse, relative aux secours, je te préviens que tu as été cotisé à une somme de 50 fr. pour être employée au payement d'avance du trimestre de vendre au 1er nivôse des secours dus aux familles des défenseurs de la République. — Je te requiers en conséquence, sous les peines portées en l'article 13 du titre 7 de la loi ci-dessus, de payer sous huit jours, entre les mains du citoyen Marsan, nommé à cet effet par les commissaires distributeurs, du département du Pas-de-Calais », je ne puis m'empêcher de me rappeler l'illustre écrivain le matin à sa toilette, griffonnant avec un crayon sur le coin d'un journal quelconque un fait, une idée, une phrase qui lui venait toute faite, et dont son esprit avait intérieurement désigné la place où il fallait l'introduire dans l'article en cours de composition. J'arrivais : il fallait conserver le coin déchiré du journal, sujet à s'égarer ; M. Sainte-Beuve me disait : « A tel endroit, voyez ce que je vais mettre... » Il entrait dans mes fonctions de secrétaire de me rappeler en un instant, dès le matin, au pied levé, avant même de *nous* être mis au travail, l'article qu'on écrivait depuis deux jours : mais le maître m'avait mis vite au fait, et dès longtemps j'étais habitué à ces vivacités de son esprit.

Les livres qu'il avait gardés de son père

---

le montant de ta cotisation ; cette somme te sera remboursée aussitôt l'arrivée des fonds destinés à cet objet. — *Salut et Fraternité.* — L. Fontaine, agent national. »

sont sûr tous sujets. M. de Sainte-Beuve père
n'était étranger à rien de ce qui se publiait et
qui faisait quelque bruit de son temps. Je retrouve certains ouvrages, aujourd'hui bien
démodés, mais qui autrefois eurent la vogue,
et sur lesquels il écrivait ses impressions [1].
Il les exprimait le plus souvent par des rapprochements littéraires et poétiques, des cita-
tions empruntées à de grands poëtes des
époques les plus brillantes de la Littérature.
Un vers de Lucrèce, un vers de Voltaire lui
venait toujours à propos [2]. Mais Horace et
Virgile étaient ses poëtes de prédilection.
Chaque marge, chaque feuillet de son *Virgile* est plein de ses commentaires, où se révèle toute sa sensibilité d'âme et de goût ; et

1. *Sic transit gloria mundi.* Voilà neuf volumes du
Voyage du jeune Anacharsis, qui rentrait entière-
ment dans ses goûts et ses études favorites, avec un
Atlas du même ouvrage, sur lequel M. de Sainte-
Beuve père a attentivement étudié cette antique Géo-
graphie, qui devait tant parler à son imagination.
2. Ainsi, sur un exemplaire (imprimé à Arras)
de la Constitution de la République Française, du
fructidor an III (22 août 1795), et dont la première

le poëte des *Pensées d'août*, qui a relu un jour les notes d'un père qu'il n'avait point connu et qui s'est servi, après lui, du même exemplaire pour apprendre Virgile, a pu dire :

Mon père ainsi sentait. Si, né dans sa mort même,
Ma mémoire n'eut pas son image suprême,
Il m'a laissé du moins son âme et son esprit,
Et son goût tout entier à chaque marge écrit.
Après des mois d'ennuis et de fatigue ingrate,
Lui, d'étude amoureux et que la Muse flatte,
S'il a vu le moment qu'il peut enfin ravir,
Sans oublier jamais son Virgile-*elzévir*,
    sortait ; il doublait la prochaine colline,
Côtoyant le sureau, respirant l'aubépine,
Rêvant aux jeux du sort, au toit qu'il a laissé,
Au doux nid si nombreux et si tôt dispersé,
Et tout lui déroulait, de plus en plus écloses,
L'âme dans les objets, les larmes dans les choses.
Ascagne, Astyanax, hâtant leurs petits pas,
De loin lui peignaient-ils ce fils qui n'était pas ?...

signature est celle de Marie-Joseph Chénier, président de la Convention nationale, M. de Sainte-Beuve père écrivait ce vers de la tragédie de *Mahomet* (acte II, scène v) :

Je viens après mille ans changer vos lois grossières.

Et au-dessous cet autre vers de la *Pharsale* de Lucain (livre ii) :

Naturamque sequi, patriæque impendere vitam.

Il allait, s'oubliant dans les douleurs d'Elise.
Mais, si l'enfant au seuil, ou quelque vieille assise
Venait rompre d'un mot le songe qu'il songeait,
Avec intérêt vrai comme il interrogeait !
Il entrait sous ce chaume, et son humble présence
Mettait à chaque accent toute sa bienfaisance.
Ces pleurs que lui tirait l'humaine charité,
Retombaient sur Didon en même piété.

Ces vers sont dédiés à M. PATIN. M. Sainte-Beuve a pu s'y peindre en y peignant tout entier son père. *Avec intérêt vrai comme il interrogeait !*

Homme doux et intègre, témoin éclairé et modéré de la Révolution, M. de Sainte-Beuve collectionnait en curieux et en homme qui s'y intéressait les journaux du temps (*le Courrier de l'Égalité, le Journal de Paris*), et un grand nombre de brochures. Un exemplaire du *Vieux Cordelier*, conservé avec beaucoup de soin par son fils, qui a écrit dessus : *Exemplaire de mon père*, portant en tête un portrait gravé de Camille Desmoulins (dans la meilleure manière des graveurs de l'époque), nous est ainsi arrivé tout couvert de notes de la main de M. de Sainte-Beuve père. Ce sont

des souvenirs et des portraits caractéristiques
que l'histoire n'a pas démentis. Il y a là des
témoignages contemporains qui seraient curieux à recueillir, quoiqu'ils n'ajoutent rien à
ce qu'on sait depuis, mais ils pourraient être
une preuve de plus à l'appui de la vérité.—On
s'est toujours piqué d'exactitude et de véracité
de père en fils, et on les trouvait sans les
chercher, par netteté et rectitude d'esprit. —
Je relève en marge du *Vieux Cordelier* ce
portrait entre autres de Camille :

« Desmoulins avait un extérieur désagréable, la prononciation pénible, l'organe
dur, nul talent oratoire ; mais il écrivait avec
facilité, et était doué d'une gaieté originale qui
le rendait très-propre à manier l'arme de la
plaisanterie. »

— N'est-ce pas un type du pamphlétaire
comme on se le figure? — Et il y aurait bien
d'autres traits encore à relever sur les marges
de ce Recueil qui n'eut que sept numéros, et
qui s'achève par la lettre que Camille écrivit
de la prison du Luxembourg à sa femme. Mais

il ne m'est pas permis, dans un livre de
M. Sainte-Beuve, de m'appesantir sur certains
noms qu'il réprouvait et sur lesquels les his-
toriens les plus convaincus de nos jours ne
sont jamais parvenus à le faire revenir d'une
opinion conçue et formée dès l'enfance : il
avait sur leur compte la tradition orale [1].

1. Sa mère lui avait raconté de certaines scènes
boulonnaises, qui laissent toujours plus d'impression
dans les souvenirs provinciaux qu'à Paris. A Paris,
le pavé est vite lavé et le souvenir sanglant s'efface:
l'orage est passé, il n'y a plus même trace de tor-
rent. Dans les provinces, où l'on n'est pas sans cesse
distrait d'une idée par de mouvants et changeants
spectacles, où un événement lugubre a le temps de
marquer et de se graver profondément, il est impossible d'oublier, à des années de distance, ce qu'on a
vu quand on y a été témoin d'une époque de terreur.
— M. Sainte-Beuve disait quelquefois que, si son
père eût pris parti sous la Révolution, il eût été
pour les girondins. M. Sainte-Beuve aimait à retrouver là encore son humeur dans celle de son père.
Mais leur tempérament à tous deux était trop *virgi-
lien* pour n'être pas éloignés l'un et l'autre de tout
excès et de tout crime, comme la politique entraînait alors les partis à en commettre. — Et en ve-
nant, un jour des dernières années, à parler de la
plus récente de ces commotions politiques, où la
terreur, qui n'était cette fois ni rouge ni blanche
(puisque c'est ainsi qu'on désigne les deux autres),
s'est de nouveau répandue sur la France, il me dit

Un portrait de son père, une miniature
peinte en 1791, nous le représente avec des
yeux bleus, le nez fort et fin qui, vu de profil,
doit être recourbé, la narine bien ouverte ; la
bouche, qui devait être grande, est fermée
comme par une habitude naturelle : les deux
lèvres, sans être serrées et plutôt souriantes,
relevées dans les coins, forment une ligne
fine et longue sur laquelle la lèvre supérieure
seule a un peu de relief et de contour, mar-
qués par une légère teinte rose. Il y a une
petite fossette indiquée au menton ; le visage
est rond et bien plein, le front large : une
perruque poudrée encadre cette physionomie
dont l'expression, dans son ensemble, est
douce et pleine de bienveillance. Cependant

---

textuellement : « J'ai été pour le 2 avec tous les
hommes de bon sens qui avaient besoin de s'appuyer
sur quelque chose de solide et de stable ; mais je
n'étais pas pour le 3... » Et il avait longtemps ignoré
les journées du 3 et du 4, dans le grand silence qui
se fit alors. — De même, et par un mot analogue,
Mme de Staël avait réprouvé autrefois les déporta-
tions dont le 18 fructidor, qu'elle avait appuyé, avait
donné le signal. (Note antérieure au 4 septembre 1870.)

on peut lire dans les yeux, qui sont bien ou-
verts, bien vifs et bien arqués, et dans la
commissure des lèvres, un peu ironique, une
pointe et ce coin de malice et de moquerie
qu'on dit être l'apanage de la race picarde.
« A Boulogne on aime à se moquer », disait
quelquefois M. Sainte-Beuve. Et son père
n'était pas uniquement de Boulogne, il était
bien vraiment Picard. Physionomie claire et
honnête, et sur laquelle on ne lit rien que de
bon, de simple, d'intelligent, avec ce que ces
qualités comportent naturellement de spirituel
et de fin chez celui qui les possède et les
montre à ciel ouvert sur son visage. C'est
franc et net, avec tout ce dont la connaissance
des hommes, et peut-être aussi bien, dans le
moment même, la conversation de l'artiste
(qui avait nom Mme Favart) peut les éclairer
de fine galanterie et de malice. — Je ne sais
si le souvenir du fils me ferait préjuger du
père. — Le costume est celui du temps : habit
bleu, collet relevé et droit, gros boutons à
reflet métallique, un gilet croisé d'une étoffe

claire tirant sur le jaune, à pointes et à revers
larges, la cravate fine et blanche en mousse-
line, entourant doublement le cou sous le
menton, et bien nouée entre les deux revers
du gilet. Un peu de poudre blanche est tombée
de la tête sur le collet de l'habit bleu et sur
l'épaule.

S'il y a dans ce portrait du père de la ressemblance physique avec son fils (et on peut y
en voir), tous ceux qui ont connu Mme Sainte-
Beuve mère (et sans parler des plus anciens
voisins du quartier, il est encore des témoins,
des amis qu'on est heureux de nommer,
MM. le docteur Veyne, Auguste Lacaussade,
Xavier Marmier, le poëte Auguste Desplaces,
retiré dans le Berry ; un bon ami d'Avignon,
M. Charpenne ; un ancien secrétaire de
M. Sainte-Beuve, M. Octave Lacroix) s'ac-
cordent à dire que M. Sainte-Beuve était le
portrait vivant de sa mère. « Elle avait de la
finesse d'esprit, du bon sens et beaucoup de
tact », me disait, il y a quelques années,
M. Paulin Limayrac, qui l'avait souvent vi-

sitée [1]. — Je me bornerai, ne l'ayant pas con-

1. Armand Carrel venait quelquefois demander
M. Sainte-Beuve chez sa mère, ce qui ne laissait pas
de la troubler un peu : sans cesse préoccupée sur le
sort et l'avenir de son fils, en bonne et simple bourgeoise qu'elle était, vivant dans la retraite, ayant
connu dans son enfance des temps orageux et terri-
bles, elle redoutait qu'il ne fût entraîné trop loin par
une relation trop chevaleresque. — Et ce que toutes
les mères, et les pères aussi qui s'intéressent à la carrière
d'un fils, lancé dans cette voie épineuse des Lettres,
comprendront, elle ne crut véritablement le sien
sauvé que le jour où il-fut reçu de l'Académie française.
Je retrouve à l'instant même une lettre qui avait
beaucoup touché M. Sainte-Beuve quand il la reçut,
et dont il parla jusqu'à la fin de sa vie avec reconnaissance : c'est celle que lui écrivit M. le duc Pasquier le lendemain de la mort de sa mère. Il me dit
souvent : « Je reçus fort peu de témoignages d'amitié
en ce moment-là ; et celui-ci était le moins obligé de
tous. » M. Sainte-Beuve aimait à parler du chancelier
Pasquier : il en eut assez souvent l'occasion, dans les
derniers temps de sa vie, quand l'ancien secrétaire du
duc, M. Louis Favre, qui vient de lui élever ce beau
monument littéraire, un livre qui est un exemple à suivre
et un modèle à imiter, venait s'en entretenir avec lui.
M. Sainte-Beuve ne pouvait se rappeler l'amabilité
simple de M. Pasquier sans l'opposer à la morgue
pédante de certains hommes d'État parvenus du jour.
Il était frappé du contraste : d'un côté toute préve-
nance et toute politesse, de l'autre rudesse, igno-
rance, grossièreté. Voici la lettre du chancelier
(Mᵐᵉ Sainte-Beuve était morte le 17) :
« (Lundi 18 novembre 1850). — Mon cher confrère,

nue, au témoignage de ces qualités de son caractère et de son esprit.

les nombreuses et douloureuses pertes que j'ai faites dans le cours de ma longue vie n'ont point épuisé en moi, grâce au Ciel, la faculté de sentir profondément les misères de même nature qui atteignent autour de moi les personnes auxquelles je porte un véritable intérêt ; et vous êtes à coup sûr au nombre de celles-là. Recevez donc mes bien sincères compliments de condoléance. Je trouverai quelque douceur à vous les redire au premier jour où il me sera donné de vous rencontrer. — Tout à vous et de tout cœur, — P A S Q U I E R. »

Le hasard me fait retrouver aussi cette autre lettre de condoléance, reçue par M. Sainte-Beuve, également à l'occasion de la mort de sa mère :

« (Paris 22 novembre 1850). — Mon cher confrère, j'ai assez appris à vous connaître pour savoir tout ce que la perte de madame votre mère, si âgée qu'elle fût, vous aura fait éprouver ; et je vous suis trop tendrement affectionné pour ne pas venir vous exprimer la part que je prends à votre douleur. Il se fait un grand vide dans la vie, lorsqu'on perd ceux auxquels on doit le jour. J'ai conçu depuis longtemps une opinion de votre cœur qui, en m'attachant à vous, me fait m'associer vivement à tout ce qui peut vous atteindre. Veuillez en agréer l'assurance ainsi que celle de tous les sentiments que je vous ai voués, — M O L É. »

PAPIERS

DE FAMILLE

Pendant le siége de Paris, l'impression déjà
commencée et assez avancée de ce petit livre
fut interrompue (et ce n'est pas l'unique mal-
heur de la guerre). L'éditeur, qui avait du
temps devant soi, a retrouvé d'anciens papiers,
dont il veut faire profiter aujourd'hui le lecteur.
Et tout d'abord, chronologiquement, une lettre
de l'intimité la plus douce, la plus affectueuse,
la plus sensible, la plus tendre, bien que s'é-
tendant assez longuement au début sur la réforme administrative des octrois que venait

d'opérer l'Assemblée nationale (en 1791). A sa date
et sous ce rapport même, elle est intéressante
et instructive. Elle a été écrite par le père de
M. Sainte-Beuve, et s'ajoute naturellement au
chapitre qui précède. Elle confirme aussi, dans
un post-scriptum significatif, ce qu'on a dit
plus haut des opinions de cet homme de bien
et de progrès, qui avait salué la Révolution à
son aurore.

« *A monsieur Rizancour, commis aux aides, à
Hornoy, près Amiens.*

» Boulogne-sur-Mer, le 21 avril 1791.

» Je m'empresse, mon cher Rizancour, de vous répondre. Sûrement,
avant que cette lettre vous parvienne,
une autre de moi vous aura été remise
par M. D. [1], ancienne connaissance

1. Le nom est illisible pour qui n'est plus au

qui, il y a huit jours, me fit le plaisir de manger ma soupe. Vous y aurez lu le cas, bien juste, que je fais de vous, et le prix que j'attache à votre amitié et à votre estime.

» Votre lettre d'hier, pleine de sensibilité, de délicatesse et d'énergie, m'a, comme de raison, beaucoup plu. Quand vous parlez des impôts dont nous avions la suite, justement pros-

courant de ces relations d'amitié et de famille, et qui saurait l'être encore à l'heure qu'il est? M. Sainte-Beuve, seul, qui aimait tant à se rappeler les souvenirs anciens, et dont les soirées intimes se passaient quelquefois à causer de son pays, de son enfance, de sa famille, aurait peut-être reconnu et déchiffré un nom local, et, dans tous les cas, il eût tout fait pour ne pas le laisser en blanc.

crits par la puissance du Peuple, avant
de l'être par celle de la Loi ; quand vous
parlez des G..., des L..., etc., je vous
répète et ne me rappelle tout cela que
pour dénoncer tout cela à l'exécration
publique. Quoique la branche de revenus publics dont j'avais la surveil-
lance se gérât à l'instar des droits
d'aides, la haine des aides n'avait point
passé aux octrois. Il n'aurait point été
difficile de remonter les octrois dont les
ressorts, surtout vers ces derniers
temps, étaient beaucoup relâchés. Jusqu'à la fin, jusqu'au 1er avril, les exercices, tant dans la ville que dans la
campagne, se sont faits sans la plus

légère difficulté. Cette ci-devant province, qui voit éteint un droit de plus
de 100 mille livres qui servaient à ses
chemins, à l'embellissement de sa
capitale, en gémit : mais l'Assemblée
nationale, avec l'égalité des droits,
veut l'égalité des choses. Elle veut tout
réduire à l'unité. Cette égalité, cette
unité, la nature cependant la détruit à
chaque pas de ses ouvrages. Je suis de
l'avis de beaucoup de personnes qui as-
surent qu'il y aura une réforme de la
réforme, dans la législature suivante.
Supposons même que l'expérience
sanctionne tout ce qu'a fait l'Assemblée,
on lui reprochera toujours d'avoir trop

taillé dans le vif, d'avoir trop sacrifié à la postérité la génération vivante ; il y avait des abus énormes : il fallait les détruire, les mutiler au moins pour empêcher leur reproduction, et non point tout bouleverser.

» A côté de nos places détruites, on ne voit rien malheureusement. Tant supérieurs que subalternes, nous étions douze ici, et le nouvel ordre des choses ne montre point une place de 600 francs pour l'un de nous. Je ne crois point être ingénieux à me flatter en vous disant que tout le monde prend à moi ici beaucoup d'intérêt. Mais, pour obtenir quelque place un peu honnête, il faut aujourd'hui tant de mouvement, tant de dépenses d'allées et venues, tant de protection, en un mot un concours si rare de circonstances heureuses, que cette possibilité est plus propre à justifier le désespoir d'y réussir qu'à en encourager l'espérance.

» La perte de ma place a été un coup de foudre pour la si aimable et si aimée Mlle L. D. Comme elle a des connaissances très-distinguées, même parmi nos plus célèbres députés, elle s'agite de toute manière pour obtenir quelque chose d'honnête. Au défaut de places, nous aurons au moins des pensions ; mais quelles seront ces pensions ? En vérité, l'avenir n'a rien de calmant. Ne point être uni à Mme D.! je vous l'avoue, j'ai bien de la peine à m'accoutumer à cette idée. Cependant je l'aime trop pour l'associer à moi, si je n'ai que des malheurs à craindre de l'avenir. Je la veux heureuse. Elle est si digne de l'être ! Son adresse est : *Mademoiselle Louise David* [1], *chez Madame David, lingère, rue Montmartre,* n° 74. Je ne sais si vous lui avez écrit plusieurs fois : mais il y a quelque

---

1. Ici le nom est écrit au long.

temps, elle m'a dit qu'elle venait de recevoir de vous une lettre qui l'a beaucoup flattée.

» En quittant Hornoy, vous irez donc directement à Blérancourt. Quand vous aurez pris langue dans ce pays, je vous prie de me marquer tout ce qui s'y passe. Vous pour qui mon cœur, pendant mon séjour à Blérancourt, était transparent comme la vitre, vous saurez ce que vous me devrez dire : si Mme Bin..., son fils, se portent bien ; la position de sa fortune ; Mme Vieil, comment elle va, etc., etc., etc... Vous direz bien des choses à ces personnes sans oublier M., Mme R., qui, à de petits défauts près, — eh ! qui n'a pas les siens ? — sont de braves gens ; à Ant.., M., Mme R., Mlle Adélaïde, etc... Me ressemblez-vous ? Les personnes de qui j'ai reçu des honnêtetés, auprès de qui j'ai éprouvé des sensations douces, ont toutes une place proportionnelle dans mon souvenir. Et ces souvenirs tempèrent d'une manière si agréable les amertumes de ma vie !

» Je partage bien sincèrement les chagrins que peuvent éprouver M. et Mme H. Rappelez-moi à leur amitié. Quant à vous, comptez sur moi, à la vie, à la mort. N'oubliez

point de m'écrire de Blérancourt. —
Adieu, mon cher Rizancour.

» Dévoué [1];

» *P.-S.* Dites les choses les plus
obligeantes à M. Bourgogne. J'insiste
pour qu'il aille en Angleterre s'il veut
bien savoir l'anglais. Recevez les amitiés de ma sœur qui vous estime beaucoup.

» Autre *P.-S.* Nous avons un club
ici dont je suis membre. Nos orateurs
ont répandu des larmes sur la tombe
de Mirabeau. Nous avons pris le deuil

[1]. Pas de signature, mais une note en tête,
d'une écriture illustre et bien reconnaissable,
celle du fils : « Lettre écrite par M. Sainte-Beuve
de Boulogne-sur-Mer. »

pour huit jours avec un service. »

Le simple billet que voici, d'une main et d'une piété filiales, ne s'adressait à personne. Il a été écrit uniquement *pour* celui même qui l'a tracé et qui l'a signé :

« Je suis né le 23 décembre 1804, quelques mois après la mort de mon père qui n'a été marié que quelques mois : ainsi, je ne l'ai jamais connu.

» Mais ma tante (sa sœur) qui m'a élevé m'en a constamment parlé, et je l'ai pu connaître aussi par ses livres, par les notes nombreuses dont il en chargeait les marges et où il répandait son âme sensible.

» Il eût été heureux des succès littéraires de son fils, lui qui aimait d'un goût si passionné la littérature et la poésie.

› Que n'ai-je pu lui ressembler et être digne de lui par tous les autres côtés! Du moins sa pensée m'a toujours été chèrement présente.

› Ce 3 septembre 1841.

› SAINTE-BEUVE. ›

———

SAINTE-BEUVE

CHEZ LUI

Je ne saurais passer sous silence quelques noms d'amis d'enfance et de collége de M. Sainte-Beuve. En première ligne et comme le plus ancien, apparaît à mon souvenir, d'après ses propres récits, le nom de M. l'abbé Eustache Barbe, de Boulogne-sur-Mer, condisciple de M. Sainte-Beuve à la pension Blériot, devenu plus tard professeur de philosophie dans la maison de M. Haffreingue, et qui vit aujourd'hui dans une profonde et vénérable retraite. Il n'a jamais quitté sa ville natale .

Il est trois fois béni celui qui dans sa ville, **etc.**

C'est M. Sainte-Beuve qui parle ainsi de son ami dans une pièce des *Pensées d'août*, qu'il lui a dédiée. — Et il y retrace leurs longues promenades, le jeudi, au bord de la mer et dans tout le pays boulonnais.

Oh ! combien différent de ces après-midis,
De ces jours où j'allais avec toi, les jeudis,
Où nous allions tout près, au vallon du Denacre,
Y cherchant la Tempé que Virgile consacre,
Ou bien à Rupenbert pour y cueillir des fruits,
Ou plus loin, vaguement par nos discours conduits,
Aux falaises des mers, à l'Océan lui-même,
Immense, répondant à l'immense problème !...

Les deux jeunes amis discutaient de leurs sujets d'études préférées. M. Sainte-Beuve nous les fit refaire bien souvent en idée, dans ses causeries du soir, ces promenades de son enfance, où il ne revint plus.

Je ne vois, dans sa vie, qu'un pendant à cette liaison étroite et de cœur des premières

années : c'est celle qui l'a uni jusqu'à la dernière heure à un autre condisciple du collége
Charlemagne, dont le nom revient aussi souvent que le sien sur la liste des distributions
de prix de ce temps-là, M. Loudierre, ancien
professeur de rhétorique, toujours aimé de
ceux qu'il a eus pour élèves. Et, parmi ces
derniers, je pourrais nommer M. le président
Pelletier, le bibliophile Chéron, devenus plus
tard, comme lui, amis de M. Sainte-Beuve,
chez qui ils ont retrouvé leur ancien maître.
C'est par allusion à la méthode d'enseignement professée par son ami Loudierre, que
M. Sainte-Beuve avait créé cet axiome : « Il
faut avoir fait une bonne rhétorique. » Et le
critique sans pédanterie se plaisait à appliquer
ce précepte aux livres dont la méthode lui
paraissait enchevêtrée et peu naturelle.

M. Loudierre et M. Sainte-Beuve, amis
d'enfance, se tutoyaient et se querellaient
beaucoup sur des matières de philosophie,
d'Antiquité, de littérature grecque et latine.
C'est à M. Loudierre que M. Sainte-Beuve de-

mandait toujours la vérification des traduc-
tions qu'il faisait d'auteurs anciens dans ses
articles, — ainsi quand il écrivit une Étude
sur Térence [1]. — Il le consultait beaucoup et
le taquinait souvent. M. Loudierre arrivait le
soir, quand on était déjà au dessert. La discussion commençait.

Quelquefois, le professeur de grec, M. Pantasidès, apportait ses textes et ses lu-
mières. Un bibliothécaire de Sainte-Gene-
viève, M. Rochebilière, qui visitait de temps
en temps M. Sainte-Beuve à l'heure de son
dîner, c'est-à-dire au seul moment de la
journée où l'esprit, tendu par douze heures
de travail, reprenait un peu haleine, venait
parfois aussi s'asseoir à ces séances de causerie familière : il entretenait M. Sainte-Beuve
du xviie siècle, qu'il possédait à fond ; c'était
son siècle de prédilection à lui. Le professeur
de grec, par contraste, ne connaissait bien
que le siècle de Périclès : il y vivait comme

1. *Nouveaux Lundis*, t. V.

dans son élément; il y était comme né. On
eût dit qu'il en descendait [1].

1. Il ne faudrait pas croire, comme l'a écrit dernièrement un critique dans *la Constitution* (n° du
12 septembre 1871), que M. Sainte-Beuve « *ne savait
plus le grec* », quand il s'était adjoint un professeur
pour mieux l'étudier avec lui. M. Sainte-Beuve, en
prenant sur son travail quelques heures de sa journée
pour lire et expliquer Homère et les poëtes de l'An
thologie, avec l'aide d'un excellent interprète, tenait à
approfondir, à connaître mieux qu'on ne les connaît
généralement en France, ces hautes sources de l'An
tiquité. Il faisait partie de la *Ligue homérique.* Je n'y
ai été initié, moi profane, que par le dehors, mais
j'en ai vu et entendu assez pour bien *sentir* le mot,
sinon pour bien comprendre le fond, qui est toute une
science. On ne s'y remet point comme cela, à tout
âge, et sans vocation ; mais les discussions, dont j'ai
été si souvent le témoin, et en particulier les relations
si affectueuses avec le savant Dübner, sur la tombe
duquel j'eus l'honneur d'être chargé de lire le discours
de M. Sainte-Beuve, empêché par la maladie (voir
Nouveaux Lundis, tome X, à l'Appendice), m'ont au
moins mis à même de respecter ce que je ne pouvais
comprendre. Il en est résulté surtout dans mon esprit
l'insuffisance, et partant l'inutilité des études grecques,
telles qu'on nous les enseigne pour notre préparation
au baccalauréat ès lettres. — *L'Homère* de M. Sainte
Beuve, celui dont il se servait dans ses lectures avec
M. Pantasidès (édition Boissonade, texte grec, 4 vol.,
1824), est tout chargé de notes, de commentaires, de
remarques, de rapprochements littéraires : c'est la
critique même en formation, à l'état d'ébauche, d'élé-

M. Rochebilière s'était fait, au contraire, une spécialité du siècle de Louis XIV: il le tenait presque tout entier renfermé dans sa bibliothèque en éditions *princeps*, — des joyaux;—tout le *La Fontaine* original était là. Mais les goûts particuliers du savant chercheur

ments, telle qu'il l'applique ensuite et la développe dans ses travaux destinés au public; on la surprend là sur le vif, on la voit saillir et jaillir de son esprit : vous retrouverez ce premier mouvement dans n'importe laquelle de ses études. En voulez-vous un exemple ? *Odyssée*, chant x, vers 321-346, je lis au bas de la page : « André Chénier n'avait pas un bourreau à qui il pût adresser ces paroles touchantes qu'adresse Phémius à Ulysse. » Et maintenant si l'on se reporte au tome IV des *Causeries du Lundi*, on trouvera l'application de cette note, répétée presque dans les mêmes termes, à la fin de l'article sur *André Chénier homme politique*. M. Sainte-Beuve y donne l'interrogatoire d'André Chénier au moment de son arrestation. — Enfin, pour achever d'édifier le lecteur sur ce goût d'Homère qui est un culte chez ceux qui en sont possédés, je relève, à la fin du second des deux grands poëmes homériques (et M. Sainte-Beuve avait surtout de la prédilection pour l'*Iliade*), cette note écrite de sa main: « Achevé de lire l'*Odyssée* pour la troisième fois le 30 juillet 1856. » Je n'échangerais pas l'*Homère* de M. Sainte-Beuve contre celui d'Alexandre. Mais il ne se le dissimulait pas, et je le lui ai entendu dire à lui-même bien souvent : Les Anciens, de nos jours, ont perdu la partie. »

et amateur étaient tournés surtout vers la
chaire : il aimait les prédicateurs de la grande
école. M. Sainte-Beuve, tout en conversant,
prenait, de temps à autre, une note qu'il faisait écrire, séance tenante, par son secrétaire
et destinait à la réimpression de ses articles
sur ces grandes et graves figures de Bossuet,
Bourdaloue, Fléchier.

Homme patient et convaincu, M. Rochebilière avait contribué à une révolution, au
grand désespoir de M. de Sacy : les Lettres
de Mme de Sévigné lui devaient une re-
fonte complète ; il en avait rapproché les
textes imprimés des manuscrits originaux,
ce qui fit trembler tous les vieux classiques,
qui ne parlaient de rien moins que de brûler
ces *paperasses*. Ils craignaient d'avoir trop
à rabattre de leurs anciennes admira-
tions : « Nous aimions Mme de Sévigné
comme cela. disaient-ils, pourquoi nous la
changer ? » M. Rochebilière n'en persista pas
moins avec amour dans son travail qui rendit
un vrai service à la littérature et aux Lettres

de la marquise. Il les fit revivre et relire [1].

Le docteur Veyne venait quelquefois partager le repas du soir : sa belle physionomie, encadrée et rehaussée par une chevelure d'argent, *éclairait*, pour ainsi dire, la scène, (faut-il écrire la *cène ?*) dans cette demi-teinte ménagée par l'abat-jour vert, qui tamisait la lumière sur les visages rangés en cercle autour de la petite table. Le médecin qui, seul, ne s'était pas trompé sur la vraie maladie de M. Sainte-Beuve, apportait, à sa table et à son chevet, des remèdes recommandés par Hippocrate et Rabelais : de la gaieté et de la distraction. Ne pouvant vaincre la *pierre*, que d'illustres chirurgiens et spécialistes de grand renom avaient manquée et niée, en dépit de ses affirmations soutenues jusqu'à la fin, le docteur Veyne, né dans le Comtat, au lieu de l'envoyer chez le pharmacien, apportait à

1. M. Sainte-Beuve publia dans le *Constitutionnel* un article sur la belle édition Regnier des *Lettres de* Mme de Sévigné. (*Nouveaux Lundis*, tome Ier.)

M. Sainte-Beuve des bouteilles authentiques
de *Château-Neuf du Pape :* c'était un rayon en
bouteille du soleil du Midi.

A un moment, M. Pantasidès était forcé de
remettre son *bouquin* grec dans sa poche. Il
était venu pour faire admirer au maître une
beauté antique, dont il donnait le mot à mot et
le sens le plus littéral, quand on lui laissait la
parole. Mais, que de fois on l'interrompait et
l'empêchait de continuer! et cependant sa lecture était curieuse, intéressante, instructive.
Les dames elles-mêmes y prenaient goût,
tant il y apportait de passion, de conviction,
de chaleur et d'enthousiasme. De la main,
M. Sainte-Beuve lui faisait signe ; il commençait, tout le monde (malgré l'envie de parler)
se taisait : M. Pantasidès se mettait à expliquer mot à mot des pages d'Aristophane ou
de l'Anthologie : il choisissait, il voulait amu-
ser et charmer tout à la fois. Il abordait, dans
le grand poëte comique de la Grèce, des sa-
tires sur les mœurs, qui ne sont que dans le
texte ; — les traducteurs trouvent toujours

leurs colonnes d'Hercule dans ces grands et
immortels Anciens, dont rien, dans les langues
modernes, ne saurait se mesurer à leur largeur et à leur liberté de pensée et d'expression.
— Parmi la fine fleur des poëtes de l'Anthologie, ce qui s'adressait aux femmes était re-
cherché de préférence par M. Pantasidès pour
i ntéresser son auditoire. On riait bien un peu;
M. Sainte-Beuve *remarquait* telle expression
grecque qui faisait image. Puis il faisait fer-
mer le livre de M. Pantasidès, qui, enivré par
son art, l'amour de la littérature et de la poésie
antiques, voulait et croyait trouver à chaque
pas, dans la vie réelle et le monde moderne,
ce que ses poëtes et ses livres lui révélaient
de morale simple, d'attachement naturel et
désintéressé. Il cherchait des Muses de l'O-
lympe, des Hébé, dans nos casinos.

Assis près du maître, le secrétaire, tenu
tout le jour courbé sur la *copie*, s'oubliait
parfois à dire des *bêtises*, selon l'expression de M. Sainte-Beuve lui-même, qui aimait, à ce moment-là, que tout le monde eût

la bride sur le cou. Il modérait, pourtant, les éclats de rire et les débordements de gaieté un peu trop vifs. Mme Blanchecotte et M. Milbert venaient le samedi : c'était leur jour consacré par l'habitude. M. Milbert, ancien secrétaire de M. de Pastoret, dont le père, voyageur et naturaliste, a écrit une histoire de ses voyages, avait longtemps fréquenté les coulisses de la Comédie-Française. Il était intarissable en anecdotes. Ami et admirateur, — adorateur de Mlle Rachel, son chevalier servant et fervent, fidèle à sa mémoire, il portait toujours sur lui quelques lettres d'elle, qu'on lui faisait relire à table après dîner.

M. Garsonnet, sémillant, l'esprit, la gaieté même, en grec, en latin, en français (et du plus moderne, du *français* du jour, — car les professeurs de l'Université se tiennent volontiers et sans effort au courant de toutes les productions littéraires, et rien de ce qui est *l'esprit* ne leur est étranger), — M. Garsonnet venait, lui aussi, de temps à autre, en lecteur assidu qui ne perdait pas un mot de ce qu'é-

9

crivait le maître, porter son contingent d'érudition et de saillies : le fin, le gaulois, le narquois se croisaient. En ce temps-là, M. Sainte-Beuve travaillait à son étude des derniers *Lundis* sur Talleyrand : on sait combien il y a soigné la physionomie de Royer-Collard, déjà traitée par lui dans un autre article [1]. M. Garsonnet, qui avait connu le grand *bourgeois*, lui a fourni plus d'un trait. En voici un sur lui-même que M. Sainte-Beuve n'a pas imprimé : « Avec Garsonnet, disait Royer-Collard, on ne s'ennuie jamais à la campagne... » C'était l'hommage que je tenais à lui rendre. Mme Louise Colet, en veine et en verve cette année-là (1869) de conférences et de poésies satiriques, venait aussi souvent, le soir, en voisine, visiter le grand critique.

J'en oublie, sans doute, et qu'ils me le pardonnent, ou qu'ils m'en sachent gré, car je sens que je suis bien indiscret à cette heure

---

1. *Nouveaux Lundis*, t. IV, p. 262. (Histoire de la Restauration, par L. de Viel-Castel.)

dans ces souvenirs rétrospectifs. Mais la littérature vit d'indiscrétions.

Trois chattes, qu'on appelait la *Jolie,* la *Vieille* et la *Maigriotte,* manqueraient au tableau dont elles faisaient partie intégrante, si on les oubliait. Les anciens peintres ne les auraient pas dédaignées, et Théophile Gautier, qui a raconté l'histoire de ses animaux domestiques, ne haussera pas les épaules : cela me suffit. Nous nous entendons en brames qui ont le respect et l'amour de tous les êtres. Elles étaient soignées sur les genoux de Mlle Boitard, fidèle et dernière gouvernante de M. Sainte-Beuve, le ministre des finances de sa maison. Les trois chattes ont eu une triste fin, que Champfleury ne pouvait pas prévoir quand il a parlé, dans son livre, de l'amour de M. Sainte-Beuve pour les chats [1] : elles ont disparu l'une après l'autre pendant l'état

1. Il existe de par le monde un exemplaire de *Volupté,* sur lequel M. Sainte-Beuve avait écrit : « A l'auteur des *Chats,* l'auteur de *Volupté.* » Cet exemplaire fut mis à la poste, affranchi, mais n'arriva jamais

de siége, cette terrible époque pour tout
ce qui avait vie, mais où il a été particulièrement vrai de dire qu'on ne voyait plus
un chat, excepté dans les halles et mar-
chés, pendus aux crocs des marchands de
viande.

Peu d'amis, cependant, tutoyaient M. Sainte-
Beuve. Je n'en ai entendu que trois : M. Loudierre, Nestor Roqueplan, le comédien Charles
Potier, — et même un quatrième déjà nommé,
M. Théophile Gautier. Mais c'était entre eux
deux, du *neveu Théo* à *l'oncle* Beuve, une ré-
miniscence du passé, une sorte de parenté et
de lien littéraire, d'artiste à artiste, de poëte à
poëte, un signe de franc-maçonnerie romantique. Le tutoiement, du reste, leur était venu
tard ; il ne remontait pas au delà de ces
fameux dîners *Magny,* créés par Gavarni, en
1863, et qui rendirent de vrais services aux

à son adresse. Il fut, comme on dit vulgairement, *sub-
tilisé* par quelque amateur d'autographes. Des offres
de restitution, même anonyme, seraient encore agréées,
quoiqu'il y ait déjà longtemps de cela.

Lettres, par la communion d'idées et les rapports d'amitié qu'ils établirent désormais entre des hommes qui ne s'étaient jamais jusquelà connus ni vus. On se brise, on rompt les préventions, les jugements se modifient : on ne *discute* pas, on se *dispute,* mais on en sort avec des idées renouvelées et plus justes sur les choses et les personnes mêmes qui viennent de vous combattre. Tel est l'avantage et le profit intellectuel que M. Sainte-Beuve trouvait qu'il y avait à former, même à table, un coin et un groupe littéraires deux fois par mois [1].

1. Ce serait peut-être ici le cas d'écrire l'histoire de ces réunions dont on dégoisa tant alors. Aussi bien elle sera courte. Un jour, à la suite d'un dîner où des figures qui ne s'étaient jamais rencontrées avaient été bien aises de se trouver ensemble, Gavarni eut l'idée d'assembler périodiquement, dans le même cabaret, où l'on avait été bien et commodément servi, une dizaine d'amis compatibles les uns avec les autres, et qui n'eussent pas de haines invétérées entre eux. Le docteur Veyne, ami de Gavarni, qui y encourageait à dessein le grand artiste dans le but de le distraire, de lui faire reprendre goût à la vie, fut chargé de recruter les convives. Il s'adressa directement et tout d'abord à son ami M. Sainte-Beuve, qui sourit à l'idée : on

Ce n'en était pas moins un sujet d'étonnement auprès de M. Sainte-Beuve, quand on
l'entendait tutoyer. Ceux qui l'ont connu ou

dressa un premier choix. MM. Théophile Gautier, Paul
de Saint-Victor, Edmond et Jules de Goncourt, Charles
Edmond, Eudore Soulié, le marquis de Chennevières,
Taine, Robin, Flaubert, Renan, Berthelot, Scherer,
Nefftzer, Frédéric Baudry, Sainte-Beuve, Veyne et
Gavarni, promoteurs de l'idée, furent à peu près (tous
les noms ne me reviennent pas en ce moment à la mémoire) les fondateurs de cette réunion intime et d'amis,
créée dans un quartier libre et neutre, au beau milieu
du quartier latin, rue Contrescarpe. Il fut convenu que
le dîner aurait lieu tous les quinze jours, un lundi. Les
critiques du lundi, et ils étaient nombreux (comme on
peut en juger) à cette table, trouvaient leur compte au
choix d'un jour, où ils avaient déposé pour quelques
heures le fardeau de leur plume. M. Sainte-Beuve du
moins s'accordait volontiers, dans le meilleur temps
de sa santé, ce congé d'une après-midi par semaine,
pour reprendre son rocher de Sisyphe le mardi matin.
Gavarni, déjà malade, fut fidèle à *son* dîner pendant
quelques mois, puis n'y revint plus. Le dîner tint bon
encore pendant deux ou trois ans, jusqu'au jour (ou
à peu près) où M. Sainte-Beuve lui-même, qui y avait
toujours été assidu, fut forcé, lui aussi, d'y renoncer
par la maladie. Le dîner *Magny* eut ses grands jours
et son déclin ; on en fit beaucoup de bruit dans les
journaux : on a même prétendu que c'était un dîner
d'*athées*. Les noms triés sur le volet, qu'on vient de
lire, suffiraient amplement à réfuter l'idée de la moindre préoccupation anti-religieuse dans l'esprit de ses
fondateurs. *Pauci vocati !* Ces messieurs voulaient,

ont vu son buste, qui est à la bibliothèque de
Boulogne-sur-Mer, exécuté par M. Mathieu
Meusnier, une vraie tête de *sage*, comme l'en-
tendaient les Grecs, rappelant même par sa
gravité la statuaire antique, comprendront
l'étonnement des personnes de sa maison, ac-
coutumées à le voir toute la journée aux prises
avec la pensée. A ces moments-là, on ne l'approchait qu'avec précaution : sa physionomie,
d'ordinaire si souriante, si avenante, quand
elle se détendait, paraissait, au contraire, as-

avant tout, se connaître et s'estimer entre eux. La pieuse
et *petite* presse (bien *petite* en effet) a défiguré dans
le temps à dessein, comme toujours, une anecdote qui
ferait bien plutôt honneur à l'esprit de tolérance et au
respect qui se professaient là, entre honnêtes gens,
pour les scrupules d'autrui. Un jour on se compta ;
on était *treize* à table. Quelqu'un qui ne s'est jamais
donné comme un esprit fort ni pour un philosophe,
l'une des plus brillantes plumes d'ailleurs et des plus
célèbres, un poëte, ne dissimula point que ce chiffre,
réputé fatidique, le gênait, qu'il y croyait : tic littéraire, superstition romantique, il parlait de quitter la
table. M. Sainte-Beuve, pour rendre la tranquillité à son
ami troublé, fit ajouter une rallonge et alla chercher le
jeune fils du restaurateur, le petit Magny, qui rompit
le chiffre *treize*. Tout le monde approuva et tout le
monde dîna. Voilà l'histoire dans toute sa simplicité.

sombrie aux heures où elle était travaillée par
le talent. Il allait dans sa maison, se parlant à
lui-même, réfléchissant, semant ses pensées,
les répétant tout haut, se remémorant des
passages de grands poëtes [1] ou de grands
écrivains dont l'application pouvait être im-
médiate à l'article qui le préoccupait... Il ne
fallait pas le déranger alors. Rien de frivole
ni de banal ! Ceux ou celles qui le servaient
le savaient bien, et tout le monde le respectait.
Il n'affectait pourtant pas de gravité solennelle
hors de propos. Jamais homme d'esprit ne sut
mieux se mettre à la portée de tous. Quelqu'un qui l'a bien défini et un autre homme
d'esprit et de fine critique, M. Charles Monselet, dans cette dédicace manuscrite de son

---

1. Un libraire du quai, M. Labitte, se rappelle avoir
vu M. Sainte-Beuve entrer chez lui, saisir un *Homère*
qui était à la portée de sa main, se livrer tout à son
admiration et à l'amour de la poésie, le lire ainsi tout
haut dans le texte, sans que personne songeât à l'in-
terrompre. Le monde extérieur disparaissait tout à fait
dans ces moments-là pour le critique qui goûtait tant
les **grandes et belles** choses de la pensée et de l'esprit.

livre : *Les Galanteries du XVIII⁰ siècle :* « A
Monsieur Sainte-Beuve, au critique *souriant;* »
— ce n'est là qu'un trait, mais il reflète toute
la physionomie. Et cependant M. Monselet a
été plus grave que lui un jour : il ne s'est pas
aperçu que M. Sainte-Beuve, en pleine Académie, siégeant au fauteuil de président, en
costume, comme il convient, après avoir lu un
discours sur les prix de vertu, ne cessait de
le regarder et de lui sourire : « Il n'y a jamais
répondu, » me dit M. Sainte-Beuve après la
séance.

Nestor Roqueplan et Charles Potier, le fils
du célèbre comédien, comédien aussi lui-même
et auteur dramatique, avaient été également
ses camarades de collége. Il se rappelait, me
disait-il quelquefois, Roqueplan, entrant un
jour en classe, en retard et sans casquette. « Il
avait l'air d'un bandit, disait M. Sainte-Beuve :
il venait de se battre. » On était en seconde :
le jeune Nestor était déjà fashionable. Le professeur, M. Gaillard, homme d'esprit, le railla
finement sur sa tenue débraillée, qui ne lui

9.

était pas habituelle. Il ne s'en est fallu que de quelques mois que M. Sainte-Beuve ne fît un article sur *Parisine*. Il avait discuté le titre du livre avec Roqueplan : il n'aimait pas celui-là, il en conseillait un autre, qui sentît moins la pharmaceutique. Il trouvait que Roqueplan avait gaspillé son esprit et son talent ; en parlant de ces feuilletons, écrits quelquefois à la *diable*, mais qui ne s'en faisaient pas moins goûter et déguster par une saveur toute parisienne (et M. Sainte-Beuve s'en montrait friand le lundi matin dans *le Constitutionnel* des dernières années) : « Roqueplan, disait-il, embarque de la poudre d'or sur des coquilles de noix. » Il lui avait toujours conseillé de réunir ses articles en volume ; le conseil fut suivi trop tard : c'eût été pour M. Sainte-Beuve une occasion d'en parler et de nous conserver un portrait de plus, une physionomie littéraire qui s'oubliera.

Le dimanche, il allait voir jouer son ami l'acteur Potier, aux Variétés, en loge, avec les billets hebdomadaires que M. Camille Doucet lui envoyait, charmante et délicate attention à laquelle l'aimable et spirituel directeur-académicien demeura fidèle jusqu'à la fin[1]. M. Doucet savait que M. Sainte-Beuve ne pouvait aller au théâtre que ce jour-là. On travaillait la semaine, mais on se divertissait le dimanche, comme dans la chanson de Béranger, que répétait M. Sainte-Beuve : « *Je suis du peuple...* » On sait la suite du refrain. Et l'on n'était pas philosophe et faubourien à demi dans cette petite maison de la rue Mont-Parnasse. Charles Potier s'y faisait conduire dans les derniers temps; il était devenu aveugle. Il habitait Asnières. J'avais assisté un jour à la

---

1. Et les billets n'étaient jamais perdus, même quand M. Sainte-Béuve ne pouvait plus y aller. On en faisait profiter alors quelqu'un du quartier ou des amis. Au bon temps de sa santé, on a pu le voir ainsi, en loge de face, dans divers théâtres de Paris, entouré d'*une nombreuse famille*. C'étaient le plus souvent des personnes de sa maison ou de sa rue. La seule condition qu'il y mît, c'était que la tenue fût digne de la loge, et encore, de son lit de malade, à son dernier dimanche, il tint à faire lui-même, et d'un coup d'œil, cette inspection du costume, avant de délivrer son billet de spectacle.

rencontre fortuite des deux anciens condisciples, en attendant le train pour Sannois,
dans la gare Saint-Lazare, où l'académicien
et l'acteur avaient renouvelé connaissance.
Potier n'avait pas cessé, depuis ce jour, de
venir de temps à autre visiter son ami.

Mais ce n'avaient jamais été dans la vie de
M. Sainte-Beuve que des amitiés et des liai-
sons, restées un peu de rencontre en effet,
des souvenirs du collége Bourbon, qu'on retrouvait dans le monde, tandis que rien ne
l'avait séparé jamais de son autre et plus ancien camarade de Charlemagne, de son ami
M. Loudierre. Jeunes tous deux, ils refaisaient
ensemble, autour de Paris, les promenades que
M. Sainte-Beuve avait faites autrefois, enfant,
avec son ami Barbe, dans les environs de
Boulogne-sur-Mer [1]. Ils visitaient, dans la

---

1. Sa correspondance avec l'abbé Barbe n'a cessé
qu'en 1865. Elle va être publiée, m'écrit-on, par M. Mo-
rand, de Boulogne-sur-Mer, bien connu pour ses publications et recherches sur l'histoire littéraire du Boulonnais. M. l'abbé Barbe lui aurait confié les lettres de
M. Sainte-Beuve.

vallée de Montmorency, les souvenirs poétiques de Jean-Jacques Rousseau, où M. Sainte-
Beuve trouvait l'inspiration de son poëme de
Monsieur Jean. Un jour, au retour d'une de
ces excursions, ils évitèrent de se trouver
côte à côte avec le célèbre avocat Dupin, dont
la palinodie venait d'éclater : c'était peu après
le temps où il avait figuré à la procession de
Saint-Acheul, un cierge à la main.

Lorsque M. Loudierre alla professer en province, les deux amis continuèrent de s'écrire.
Que M. Loudierre me pardonne aujourd'hui si
je publie ces Lettres de jeunesse qu'il a cru,
un jour, devoir rendre à son ami, et qu'il
veuille bien ne pas se méprendre sur le sentiment qui me les fait publier ! En même
temps que la jeunesse de M. Sainte-Beuve
et la sienne, elles éclairent la jeunesse du
Romantisme et nous font remonter à l'âge
d'or de la grande rénovation littéraire et intellectuelle de la France, où l'on avait tant
d'espérances, tant d'illusions, où l'on voyait
encore la Patrie grande, où l'homme de Lettres

était nourri d'idéal, où l'on croyait à la passion, à l'amour, à la poésie ! Il y a de toutes
ces choses dans les lettres qu'on va lire, —
et le mot pour rire d'encouragement à son
ami n'y est pas absent; on n'est pas *Werther*.

LETTRES

DE JEUNESSE

« Ce 6 décembre 1828.

» Mon cher Loudierre[1],

» Je suis charmé de te savoir rétabli de ta désagréable chute et installé telle-

1. M. Loudierre était alors régent de rhétorique au collége d'Évreux,

ment quellement dans ta nouvelle rési-
dence. L'ennui ne doit pas t'étonner :
on l'éprouve à chaque changement
de lieu et d'habitudes ; et tu y avais
compté. L'étude comblera ces vides, et
entre deux lectures, tu penseras un
moment à nous, qui nous ennuyons
ici autant que toi. Je ne sais plus que
faire de mes samedis, et, quoiqu'ils ne
fussent pas tous employés à te voir, je
m'aperçois bien qu'ils t'appartenaient
et qu'ils sont maintenant désœuvrés
comme un valet sans condition qui
cherche maître. Il n'y a rien de nouveau ici, excepté mille riens qui peuvent se dire, mais dont on ne se sou-

vient plus dès qu'il s'agit de les écrire.
En politique, cela ne va pas trop mal,
et, avec quelques années de cet *an-
dante* et de ce *piano*, nous sommes à
bon port. En littérature, il y a beaucoup de mouvement toujours. Les
cours de la Faculté sont rouverts. Villemain fait foule ; je ne l'ai pas encore
entendu ; il ne sort pas du dix-huitième
siècle, et devra un peu se répéter : ce
sera probablement sa dernière année.
Cousin a grand succès, quoique contesté comme tous les succès durables
aux époques de crise et de fondation. Il
aborde encore les philosophies du dix-
huitième siècle, et non la grecque,

ionienne et dorienne, comme il l'avait annoncé l'année dernière. Il a pensé, et avec raison, qu'à un moment où les vieilles Écoles se remuent et se raniment pour pousser un dernier cri, il ne fallait pas quitter le terrain, et il accepte une dernière fois la lutte, en face de Broussais, Daunou et de cette coriace et vivace philosophie dite *sensualiste*. Ce dernier coup sera décisif [1], et je me promets bien d'ap-

1. Il est curieux, pour le contraste, de rapprocher de cette opinion de jeunesse de M. Sainte-Beuve. à laquelle l'entraînait le génie oratoire de M. Cousin, cette autre opinion de la fin de sa vie, où il était revenu au sentiment réel de la vérité et de la justice :

« Une petite iniquité philosophique s'est

plaudir au résultat; car, en vérité, ces
vieilles gens sont incorrigibles et har-

introduite et s'est consacrée depuis 1817 et
dans les années suivantes. M. Cousin, pour
désigner l'École adverse du dix-huitième siècle qui rattachait les idées aux sensations,
l'a dénommée l'École *sensualiste*. Pour être
exact, il eût fallu dire *sensationniste*. Le
mot de *sensualiste* appelle naturellement l'i-
dée d'un matérialisme pratique qui sacrifie aux
jouissances des sens; et si cela avait pu être
vrai de quelques philosophes du dix-huitième
siècle, de La Mettrie ou d'Helvétius par exemple, rien ne s'appliquait moins à Condillac et à
tous les honorables disciples sortis de son
École, les idéologues d'Auteuil et leurs adhérents, les Thurot, les Daunou, la sobriété
même. Mais il est toujours bon de flétrir en
passant son adversaire; il lui en reste quelque
chose. C'est ce qui est arrivé ici. Une probité
philosophique plus scrupuleuse que celle de
M. Cousin se fût privée d'un tel moyen; mais,
en pareil cas, l'audacieux personnage n'y regardait pas de si près. » (*Causeries du Lundi*,
tome XI, 3ᵉ édition, 1868. Pensée CXVI, p. 488.)

celants, et par la physiologie et la médecine, ils pourraient gagner nos jeunes et spirituels philosophes des
amphithéâtres, qui ne conçoivent pas
que la question de l'immortalité de
l'âme soit postérieure à la psychologie,
et que, de quelque façon qu'on la tranche, la science n'en est pas moins posée auparavant.

» Guizot a commencé : il traite de la
civilisation en France ; il avait traité,
l'année dernière, de la civilisation en
Europe.

» En littérature, on imprime à force
pour cet hiver. Les *Orientales* de Victor Hugo vont paraître, et, bientôt après,

un petit roman de lui en un volume :
Le Dernier jour d'un condamné; tu
peux concevoir ce que ce sera. De Vigny
a fait aussi un roman qui, je crois, est
vendu, et, par conséquent, paraîtra
bientôt ; mais il ne dit pas ce que c'est
On imprime une espèce d'Histoire de
la Russie avant Pierre-le-Grand, du
général de Ségur; mais c'est plutôt un
Tableau qu'une Histoire détaillée. Le
Napoléon en Égypte de Barthélemy
et Méry a eu grand succès ; c'est admi-
rable à tout moment dans le détail :
mais cela manque de composition et de
haute philosophie, comme il en faut en
poésie. Le *pittoresque* y est générale-

ment très-beau, et différent du *descrip-
tif* de Delille, dont, pourtant, ils ne se
sont pas assez gardés toujours. La
deuxième édition de Damiron vient de
paraître en deux volumes, fort augmentée par conséquent, comme tu auras pu voir dans le *Globe* que tu reçois,
j'espère, là-bas. Mais j'ai peur de tomber dans la bibliographie. Il sera plus
simple, mon cher ami, qu'en m'écrivant tu me dises sur quoi tu veux que
portent le peu de renseignements que
je pourrais te donner et qui te seraient
agréables. J'ajouterai seulement que
j'ai vendu la première édition de mes
Poésies 400 francs (à mille exemplaires)

à Delangle et qu'on commencera à
m'imprimer à la fin de janvier. Jusqu'à
ce temps, je travaillerai peu à autre
chose ; j'aime mieux perfectionner
une petite œuvre, ajouter quelques
pièces que le froid ne gèle pas en chemin, et jouir de ce doux rien-faire
auquel je sens avec effroi que je suis
plus enclin que jamais. L'ennui que tu
éprouves et cette vie de province que
tu me remets sous les yeux m'effrayent,
quand je pense que peut-être je serais
heureux d'accepter pareille destinée
à Besançon ; car le bon Jouffroy s'oc-
cupe toujours de mon affaire, comme
si cela pouvait me faire plaisir. Aussi,

dans le cas où ses démarches réussiraient, je crois que j'accepterais, ne serait-ce que pour ne pas le désobliger. Mes rapports avec Dubois sont toujours les mêmes : très-polis, amicaux au fond et expressifs en apparence ; mais sans retour d'intimité possible [1]. Hugo a reçu dernièrement

1. Le duel de M. Sainte-Beuve avec M. Dubois, qui n'eut lieu qu'en 1830, après la révolution, dans une époque échauffée où l'on s'alignait volontiers, est resté célèbre dans les annales du duel. Il survint à la suite d'une querelle dans les bureaux du *Globe*, où M. Dubois fut l'agresseur. L'injure avait été grossière. M. Sainte-Beuve se rendit sur le lieu de l'action avec son parapluie, disant qu'il voulait bien être tué, mais non pas être mouillé. Et l'on s'y battit bravement de part et d'autre, au pistolet. Deux balles furent échangées : quatre coups furent

une pièce de vers de Lamartine, en réponse à la pièce des *Rêves* que tu auras lue dans le *Globe*. Lamartine a trouvé cela si beau et si à son gré qu'il n'a pu s'empêcher de chanter à l'unisson. J'ai profité de la réponse de Hugo pour envoyer à Lamartine une pièce de vers que je lui adresse et que j'avais depuis bien longtemps sur le cœur. Thuriot a été sensible à ton souvenir.

tirés. Apres quoi les témoins, dont je regrette de n'avoir pas écrit les noms lorsque M. Sainte-Beuve me racontait cette affaire, mirent fin au combat. Mais les deux combattants demandaient à continuer : c'était à qui, me disait M. Sainte-Beuve, avait envie de tuer l'autre. On se battait sérieusement en ce temps-là; on ne s'envoyait pas des balles dans une boîte d'acajou.

» Écris-moi quelquefois, mon cher Loudierre ; dis-moi tout ce qui t'arrive en événements et en idées et en sensations ; cela me consolera autant que toi, pour le moins. Vois un peu le monde là-bas ; si tu trouvais une seule maison agréable, cela te ferait plaisir et profit de la fréquenter. Je ne désespère pas du tout d'aller te dire un bonjour un dimanche en mars, quand j'aurai reçu le billet qui échoit à cette époque, et que 24 francs de plus ou de moins ne seront rien dans mon gousset...

» Tout à toi,

» SAINTE-BEUVE. »

« 22 décembre 1828.

» Mon cher Loudierre,

» Je t'écris, avant ta réponse, pour te demander quelques renseignements que toi seul peux bien me donner. Il faut que d'ici un mois je me fasse recevoir licencié ès lettres pour notre chaire en expectative, et, afin que l'obstacle ne vienne pas de moi, toi, qui es licencié, dis-moi avec précision les exercices qu'on t'a fait faire. Je sais qu'on a maintenant un thème grec au lieu d'une version. Mais les autres exercices sont les mêmes. Y a-t-il interrogation de vive voix, ou seulement composition à loisir? Réponds-moi tout de suite, si tu peux. Dis-moi aussi sans flatterie[1] ce que tu

1. *Sans flatterie !* — Les goûts et prédilections de M. Sainte-Beuve se révèlent (nous l'avons dit plus haut) à chaque page, il faudrait dire presque à chaque vers, dans un exemplaire de l'*Iliade* et de l'*Odyssée* (texte grec) tout annotées de sa main. On l'a conservé précieusement après lui comme son *La Bruyère*, également couvert de notes. Ce sont les meilleurs témoignages qu'un esprit lettré puisse laisser de son amour constant et désintéressé de ce qui fut le but toujours dominant de sa vie, les Lettres. La médisance tombe devant ce travail incessant de cabinet qui n'a ni gloire ni gain immédiats en vue, mais l'unique envie de se délecter à un plaisir intellectuel amoureusement savouré. La gloire! elle est dans la publication du commentaire de l'auteur aimé, après la mort. Sainte-Beuve aima Homère et La Bruyère. Son *La Bruyère* sera publié un jour avec tous ses commentaires.

crois que j'ai à faire, surtout pour le grec.

› J'ai vu hier Dubois (*M. Dubois*, du *Globe*), qui a reçu ta lettre, mais n'a pu encore te répondre ; il n'est pas très-bien portant, quoiqu'il ne travaille pas beaucoup. Jouffroy est nommé suppléant de M. Milon, à la place de Maugras, à la Faculté des Lettres. Il commence le 15 janvier. Cousin fait toujours admirablement, et, malgré toutes les attaques de la philosophie sensualiste [1], coalisée avec le catholi-

1. On a déjà eu occasion, dans une note de la lettre précédente, à propos de la même opinion émise par M. Sainte-Beuve, de lui opposer une de ses Pensées dernières, où à quarante ans de

cisme et les moqueurs sceptiques, il
vient à bout de remuer ses deux
mille auditeurs et de faire casser les
portes de la grande salle, tant elle est
pleine. Les trois cours font merveille
surtout pour l'esprit qu'ils propagent
et le mouvement qu'ils impriment.

» Amédée Thierry a commencé à
Besançon comme tu as pu voir dans le
Globe; il y est très-bien accueilli et me
désire pour collègue. Je serai bien
appuyé près de M. de Vatimesnil. Villemain s'est offert à Jouffroy au premier

distance il relève et flétrit les procédés de
M. Cousin, et venge l'École *sensationniste* des
Condillac et des Daunou, d'une dénomination
injurieuse et imméritée.

mot, et, depuis quelque temps, Villemain a conquis un grand ascendant
sur le jeune ministre. Je ferai aussi
parler Caïx au moment.

» Et toi, que fais-tu? l'ennui est-il
décidément usé? et le travail te con-
sole-t-il de l'absence de tes amis de
Paris, des spectacles, des journaux et
de tant d'autres petites commodités de
la vie intellectuelle qu'on n'apprécie
que lorsqu'on ne les a plus? Vois-tu du
monde? quelque honnête famille bourgeoise, où il y a une jeune dame mariée d'il y a dix-huit mois, qui ne de-
manderait pas mieux (à voir ses jolis
yeux en coulisse et sa bouche entr'ou-

verte pour sourire) que d'avoir de l'esprit comme on en a à Paris? Ta robe t'aurait-elle rendu inexorable ? Monsieur le régent de rhétorique n'aimerait-il plus les jolies dames?...

» Pardon de toutes ces folies dont tu es peut-être bien loin en ce moment. Ne travaille surtout pas trop et ménage ta santé.

» J'ai fait, dans ces temps-ci, beaucoup de vers, mais cela ne s'imprime pas encore. Encore un mois !

» Tout à toi,

» ` SAINTE-BEUVE. »

« Ce jeudi 23 avril 1829.

» Je suis très-sensible, mon cher Loudierre, à tes peines, et je crois les comprendre parfaitement. Je crois seulement que toi, tu n'as pas été assez libre d'esprit pour comprendre la réponse que je t'ai faite et qui allait au fond de ta peine. Au reste, je ne veux pas réveiller toutes tes douloureuses sensations ; je t'engage seulement à prendre sur toi de quoi te soutenir jusqu'en août, et alors de revenir te consoler, ou, si tu l'aimes mieux, te désoler avec nous.

» Je suis toujours dans le même

état et le même esprit que tu me connais. La publication de mon *Joseph Delorme* m'a un peu sorti de ma solitude de cœur, et j'ai grande hâte d'y rentrer. Ce malheureux livre a eu tout le succès que je pouvais espérer ; il a fait crier et irrité d'honnêtes gens beaucoup plus qu'il ne m'eût paru croyable :
— Mme de Broglie a daigné trouver que c'était *immoral ;* — M. Guizot, que c'était du *Werther jacobin et carabin.*
— Il y a eu là-dessus scission et débats au *Globe :* Leroux, Jouffroy, Damiron, Lerminier, Magnin, d'une part ; et, de l'autre, MM. Vitet, Desclozeaux, Duvergier, Duchàtel, de Rémusat. N'est-ce

pas glorieux et amusant? J'ai vu Cousin, qui a été très-bien pour moi et de
très-bon conseil pour ma destinée et
mes travaux à venir. J'ai aussi vu
Dubois depuis son retour ; nous avons
causé de toi ; il t'aime et t'estime beaucoup [1] ; il m'a paru, vis-à-vis de moi,
un peu sur la réserve, quoique cordial,
et peut-être au fond légèrement fâché
bien plus de ce qui n'est pas dans mon
livre que de ce qui y est. Villemain
doit être assez bien, à ce qui m'est revenu ; car je ne l'ai pas vu depuis quelque temps. Mais c'est assez t'ennuyer

1. Comme M. Sainte-Beuve, M. Loudierre
avait été élève de M. Dubois, à Charlemagne.

de mes affaires, que je prends, au
reste, bien plus philosophiquement que
tu ne saurais t'imaginer.

» Il n'y a guère de publication nouvelle bien importante, sinon l'*Henri III*
de Vitet, dont on dit par avance grands
éloges. Mérimée, auteur de *Clara
Gazul*, et qui est fort de mes amis, a
publié un charmant livre, mi-roman,
mi-chronique, sur la Cour de Charles IX
en 1572. L'*Henri III*, drame de Dumas, a eu grand succès, comme tu as
su ; mais cela, quoique amusant, ne
tranche pas la question dramatique :
c'est en prose assez lâche, et non du
temps ; la partie historique est plaquée

et superficielle ; la partie dramatique, qui se réduit à deux actes ou plutôt à deux scènes, est belle, touchante, et a décidé le succès. Ce ne sera pas non plus, je pense, le *Marino* de Delavigne qui tranchera cette question ; ce pauvre diable, qui a vidé son sac et qui ne fait plus que de l'eau claire, cherche de tous côtés à se ravitailler. Comme la Ballade *fleurit* maintenant, il a laissé les *Messéniennes*, et le voilà qui fait des *Ballades* sur l'*Italie;* c'est ainsi qu'en tête de sa *Tragédie* de *Marino*, il va inscrire, en grosses lettres : *Mélodrame; —* tout cela, romantisme à l'écorce, absence de conviction.

11

» J'écris à la *Revue de Paris* ; c'est un Recueil un peu hétérogène ; on signe ses articles en toutes lettres, et, par conséquent, on ne répond que de ce qu'on a signé. C'est bien payé, 200 fr. la feuille ; c'est, entre nous, ce qui m'a décidé. J'y compte faire du xviie siècle.

» Je serais assez homme à t'aller voir un de ces dimanches, si cela te plaisait. Dis-moi-le franchement, et, en même temps, la marche à suivre pour les départs.

» Soigne-toi ; passe le moins de temps possible à regretter ; résigne-toi à n'avoir eu ni jeunesse, ni passé, ni avenir. Je ne te dis pas de ne pas en souffrir, de ne pas en mourir même à la longue ; mais je te dis de ne pas en enrager ni en piétiner. En un mot, mon bon ami, sois homme, quoique aussi malheureux que possible. Écris-moi.

» Ton tout dévoué ami,

» SAINTE-BEUVE. »

INTIMITÉS

ET CONFIDENCES

Je dois à l'obligeance de mon excellent ami et conseil, Me Cheramy, un esprit des plus cultivés, amoureux et passionné des lettres, la communication d'une note de M. Sainte-Beuve, qu'il a retrouvée parmi les dossiers de son prédécesseur, Me Lavaux, avoué de première instance (24, rue Neuve-Saint-Augustin). M. Sainte-Beuve, ami et, je crois, également condisciple de M. Lavaux, le consultait familièrement sur ses affaires. Voici, lors de sa rentrée au *Constitutionnel*, en 1861, ce dont il lui faisait part, et

sur quoi il lui demandait un avis prudent, avant
de s'engager :

COPIE DE LA NOTE

REMISE PAR MOI AU RÉDACTEUR EN CHEF DU *Consti-
tulionnel* ET COMMUNIQUÉE PAR LUI AU GÉRANT DE
LA SOCIÉTÉ.

« J'ai cinquante-sept ans. En entrant au *Constitutionnel*, on me demande de donner un dernier coup
de collier.

» En effet, pour être utile au
journal dans le sens et au degré où on
me le demande, il faut que j'y écrive
souvent, régulièrement, — un jour
par semaine, — pendant des années,
sans manquer jamais. C'est cette assi-

duité qui assure des lecteurs et qui, par suite, procure des abonnés.

» Je m'engagerais pour trois ans ou cinq ans. Un tel travail va m'absorber tout entier, et je dois renoncer à tous autres travaux et à l'arrangement de ma vie, telle que je l'avais établie depuis sept ans et que je comptais la mener quelques années encore.

» Je renonce à ma place de professeur à l'École normale (6,000 francs d'appointements) que je remplissais depuis quatre ans, lesquels, avec les trois années que je me proposais de faire encore, et en les joignant à trois années antérieures du Collége

de France, me devaient former dix
années de service, dont sept très-
laborieuses, et le tout m'aurait assuré
(eu égard à la bienveillance du ministère de l'Instruction publique) une
pension de retraite qui ne pouvait être
moindre de 1,200 francs. C'est ainsi
du moins que je calculais.

» De plus, je dois renoncer à la collaboration du *Moniteur* où je suis
depuis huit ans, où je n'ai jamais rencontré que de bons procédés, où je
puis mettre des articles tous les lundis, lesquels, depuis janvier 1861,
me sont payés 300 francs, ce qui
est le prix des articles du *Constitu-*

tionnel : ainsi de ce côté nul avantage.

. • De plus, grâce à cette vie moins active et non absorbée que je menais, j'étais sur le point, en ce même mois d'août, de faire avec les libraires Garnier un traité pour une *Histoire de la Littérature française* en plusieurs volumes, résultat de mes Leçons à l'École normale. Ce traité, pour lequel j'étais fort sollicité par MM. Garnier (et même par M. Michel Lévy en concurrence avec eux) et qui allait décider de la direction de mes travaux pour mes dernières années actives, devait me rapporter une somme assez considérable comptant.

11.

» Je renonce à tout cela, j'ajourne indéfiniment tout autre travail, tout autre projet, pour me replonger, à cinquante-sept ans, dans le plus vif de la presse et dans la mêlée littéraire.

» Indépendamment du prix de chaque article, il est impossible que je n'aie pas droit à une somme dont il ne m'appartient pas de fixer moi-même, le premier, le chiffre, mais qui ne fera que représenter un dédommagement, une indemnité équitable ; car moi aussi, je me trouve pour cause d'utilité, de service public, exproprié de tous mes autres emplois et travaux.

» Ce 12 août 1861. »

Et M. Sainte-Beuve ajoute, s'adressant cette
fois directement à son avoué qu'il consulte, à son
ami Layaux :

« C'est là-dessus que le chiffre de
20 à 25,000 francs a été articulé et
proposé par ces messieurs du *Constitutionnel*, et par moi accepté comme
premier mot, sauf à régler le mode de
payement. »

Ce n'est pas le côté le moins intéressant de
la biographie d'un homme célèbre que le chiffre de sa fortune. Ces notes intimes, et qui
n'étaient pas destinées à la publicité du vivant
de M. Sainte-Beuve, nous ont fait pénétrer
trop avant dans sa façon simple (et qu'il
n'ambitionnait pas plus brillante pour lui-
même) d'interpréter la vie du travailleur voué
aux Lettres, pour que nous hésitions encore
à joindre ici quelques chiffres.

M. Sainte-Beuve a laissé 6,000 francs de
rentes, plus une maison sans locataires (partant sans rapport). Il en avait hérité près de
4,000 de sa mère, ainsi que la maison. Il a
donc ajouté à ses revenus environ 2,000 francs
de rentes : le *Constitutionnel* a pu y être pour
quelque chose, mais, dans tous les cas, c'est
son travail littéraire qui l'a *enrichi*.

Voyons, y a-t-il dans ce qu'on vient de lire
des soifs démesurées de fortune et d'hon-
neurs ? et que voudrait-on attendre de moins
exigeant de la part d'un écrivain en réputation
et en vue, illustre même, qui, après une carrière d'assidu labeur bien remplie jusque dans
le professorat, aspire à s'assurer 1,200 francs
de retraite ? — Il n'y a là, on l'avouera, de
quoi contenter que les plus modestes.

———

On n'a pas oublié la mauvaise querelle qui fut
faite à M. Sainte-Beuve en 1848, à propos d'une

prétendue révélation de la *Revue Rétrospective*.
M. Sainte-Beuve avait été trouvé inscrit sur une
liste de fonds secrets pour la somme de *cent
francs !* Il a raconté lui-même, dans la préface
de *Chateaubriand et son Groupe littéraire*, ce
qui avait donné naissance à cette absurdité et à
cette calomnie. A bout de voie, ne sachant
comment s'expliquer une si grossière injure, il
finit par découvrir ou plutôt par se rappeler
que, du temps qu'il avait son logement à la
Bibliothèque Mazarine, il avait fait raccommoder
un jour une cheminée qui fumait, ce qui avait
peut-être occasionné à l'État une dépense de
cent francs. Mais la manière maladroite dont
certains amis cherchaient à le justifier ou à le
disculper d'une accusation honteuse, donna lieu
de sa part à une enquête très-vive, qu'il poussait
activement de toute son indignation, s'adressant
tantôt au ministre M. Carnot, tantôt à M. Charton,
dont il était l'ami, et envers qui il garda jusqu'à la fin de sa vie un souvenir reconnaissant de la façon délicate et digne avec laquelle il l'avait aidé à éclairer l'enquête. — J'ex-
trais d'un dossier, relatif à cette sotte affaire, la
note suivante, écrite tout entière de la main de
M. Sainte-Beuve. Elle est péremptoire et capitale, mais surtout son mérite essentiel est dans

ceci qu'elle n'avait pas été écrite pour voir le jour. Ce n'est point une plaidoirie. J'oublie en ce moment (et pour n'y plus revenir dans ce volume) le motif qui en provoqua l'envoi. M. Sainte-Beuve était au-dessus de semblables attaques. Je ne vois que le caractère indépendant et élevé qu'elle met en relief :

NOTE CONFIDENTIELLE

ENVOYÉE A JEAN REYNAUD LE 31 MARS 1848

« Voici une note qui précise encore mieux certains faits dont il a été question dans notre conversation d'hier.

» Je vous l'ai dit tout d'abord, mon cher Reynaud, l'explication officieuse et tout amicale que vous avez essayée dès le début, et à laquelle j'ai coupé court en vous en remerciant, était déjà injurieuse au prix de l'exacte vérité.

» Depuis quinze ans, j'ai eu des liens de société et même d'amitié avec bien des ministres et personnages considérables du dernier régime; ils savent tous quelle a été à leur égard mon attitude constante de délicatesse et de discrétion, et si j'ai *jamais rien demandé* à aucun d'eux.

» De 1830 à 1840, j'ai vécu dans ma chambre d'étudiant (cour du Commerce, n° 2), au quatrième étage, et au prix de *23 francs par mois, y compris les déjeuners* [1].

1. Il me vient pourtant un petit doute, et il

» Durant ces dix années (1830-1840), il ne m'est survenu qu'un incident qui, vers 1835 environ, et pour un an à peu près, m'a rapproché du ministre de l'Instruction publique d'alors (M. Guizot). Ampère laissait vacante la place de *maître de conférences* à l'École normale; il me proposa pour le remplacer. Le ministre ne voulut pas [1], mais pour me dédom-

se pourrait bien que ce fût 23 francs sans les déjeuners, et 27 francs en les comptant.

1. M. Guizot, qui avait défini autrefois *Joseph Delorme* l'œuvre d'un *Werther jacobin et carabin*, était resté sur la même impression à l'égard de l'auteur de *Volupté*. Aux yeux du grand chef doctrinaire, M. Sainte-Beuve s'était fait du tort par la publication d'un roman et de ses poésies. Ce n'étaient pas là des œuvres

mager, disait-il, il me nomma secrétaire (ou quelque chose d'approchant)
d'un *Comité historique* qu'il instituait.
A ce titre, je fis quelques travaux, notamment une grande circulaire qui
servit comme de programme aux travaux que dirigeait le Comité. Au bout
d'un an environ, voyant que la place
tournait à la sinécure, je donnai res-
pectueusement ma démission, malgré

assez *sérieuses* (à part le reproche d'*immoralité*,
qui n'est que banal), pour un futur maître de
conférences. Cependant, auprès de M. Guizot,
M. Sainte-Beuve avait un ami dont il a été souvent question dans ses conversations : c'était
le propre fils de M. Guizot, qui est mort jeune,
et dont M. Sainte-Beuve avait recueilli l'hommage approbateur touchant ses premières œuvres. Il avait lu et goûté *Volupté*.

les instances de M. Guizot, et depuis je l'ai graduellement perdu de vue.

» En 1837, sous le ministère de M. Molé et de M. de Salvandy, dès lors très-bienveillants pour moi par suite de rapports de société, je refusai la croix et j'allai vivre un an en Suisse, faisant le métier, très-rude pour moi, de professeur.

» En 1840 seulement, sous le ministère de MM. Thiers, de Rémusat et Cousin, j'acceptai la place de conservateur à la Mazarine, et je quittai ma chambre d'étudiant (cour du Commerce [1]) pour venir loger à l'Institut.

1. M. Sainte-Beuve habitait dans la cour du

» Dès lors je me trouvai riche ou
très à l'aise pour la première fois de

Commerce l'hôtel de Rouen, qu'il a toujours
écrit hôtel de *Rohan*, et qui est en effet tout à
proximité de la cour de Rohan, attenante au
passage du Commerce. Ceci rappelle un peu le
Tu ora de la sachette dans *Notre-Dame de Paris*,
et que le peuple appelait *Trou aux rats*. Mais je
ne vais pas me lancer dans un chapitre d'érudition et d'archéologie romantiques, encore
moins d'architecture, à propos de ce coin de
Paris, qui a conservé le calme, la retraite, l'en-
chevêtrement de la vieille ville, propre aux em-
buscades et aux rendez-vous. Il s'y en donne
plus que de mauvais coups. On s'y perd volontiers et facilement, on aime à s'y égarer
quand on est rêveur, et l'on s'étonne de ces
maisons en briques rouges, de ces pignons, de
ces tourelles hors rang, hors l'alignement, qui
défient l'architecture moderne et dont tout ce
quartier, qui sert de contre-fort à l'École de
médecine, tout ce labyrinthe, ce fouillis de
ruelles que l'on croirait sans issue, quand on
s'y engage pour la première fois (la rue des
Poitevins, la rue du Jardinet, la rue Serpente,

ma vie. Je me remis à l'étude, je rap-
pris le grec. Mes travaux se sont res-

— bien nommée, — la rue Hautefeuille), présente
encore d'audacieux spécimens. Je dis *audacieux*,
bien qu'ils ne bravent pas le ciel par leur hauteur, mais parce qu'ils ont traversé les grands
abatis de l'époque impériale, et qu'ils ont fait
reculer... l'achèvement du boulevard Saint-Ger-
main. Le temps a manqué pour les détruire. On
y vit comme en province. Les voitures ne s'y
entendent que comme un roulement lointain, la
voix humaine elle-même s'y élève comme un
bruit confus, sans intonation bien déterminée,
qui rappelle seulement à l'étudiant dans sa mansarde, qu'il n'est pas seul, isolé, perdu, dans les
hauteurs de la grande cité. Mais voilà que, sans
y penser, je me retrouve dans la chambre ou
plutôt dans l'une des chambres de M. Sainte-
Beuve, hôtel de Rouen, passage du Commerce.
« Deux chambres, c'était mon luxe, » a-t-il dit
en tête même de cette Biographie. Il en avait
deux en effet, les dernières de la maison, les
plus élevées par conséquent, et les moins chères.
Elles portent encore les nᵒˢ 19 et 20, et de nuit
ou de jour, il serait difficile de ne pas les trou-

sentis de ce loisir et du choix que j'y
pouvais mettre.

ver. Un aveugle n'a qu'à se laisser aller droit
devant lui dans le long et étroit couloir qui con-
duit à la chambre 20 : il trouvera tout au bout
la porte, non par côté mais par devant, qui lui
barrera le passage. M. Sainte-Beuve demeurait
là sous ces lambris, s'y abritant du pseudonyme
de *Charles Delorme* (on voit que le nom lui
était cher), y écrivant prose et vers, y recevant
quelquefois la visite de M. Ampère, de M. Buloz.
M. Ampère, toujours distrait, comme son père,
s'accrocha si bien un jour entre les deux portes
d'entrée qui simulent et dissimulent une antichambre microscopique, qu'il fut obligé de faire
recoudre, séance tenante, tous les boutons de
sa redingote. M. Buloz fut le premier à faire
apercevoir à M. Sainte-Beuve, combien à son
âge, avec son talent et sa réputation, il bornait
son avenir en continuant à vivre dans un hôtel
garni. Une place de bibliothécaire à la Mazarine,
qui donnait droit à un logement, arracha donc
M. Sainte-Beuve, en cette année 1840, à ces ho-
rizons parisiens, à la vue des pentes et sou-
pentes, vrais paysages à la Paul de Kock, qui

» — L'Académie s'y joignit vers 1843 ; je devins membre de la Commission du Dictionnaire, et vraiment j'eus peine à dépenser mon revenu. Il me fallut, pour cela, acheter des livres rares dont le goût m'est peu à peu venu.

font découvrir tant de choses des fenêtres d'en face. Mais l'habitant du quatrième étage de l'hôtel de Rouen ou de Rohan n'a pas vue sur le passage : une large corniche, qui va s'inclinant, empêche de se pencher trop avant pour regarder en bas. On ne le saurait sans danger. Et d'autres pentes, dans la chambre même, qui est une longue mansarde, bien saine et bien aérée d'ailleurs, avec une large fenêtre, avertissent trop souvent le travailleur distrait, le poëte qui veut frapper les astres du front comme dit Horace, que l'homme qui est poussière est plus tendre que le mur, et que le mur est de pierre. Il s'y cogne la tête. — Je viens de refaire au naturel le Voyage autour de *ma* chambre.

» — Vers 1843, M. Villemain, ministre, voulut, à cause de ma réception à l'Académie, me forcer à recevoir et à porter la croix. Je refusai et lui envoyai ma démission de fonctionnaire qu'il n'accepta point. Personne n'a jamais rien su de ce second refus, dans lequel je ne voulais pas démentir le premier.

» — Maintenant, quelques raisons générales d'*impossibilité* à ce que cet odieux soupçon ait l'ombre de bon sens.

» — Depuis que j'ai quitté *le National*, vers 1833 ou 1834, *je n'ai jamais écrit nulle part une ligne de politique.* Je n'ai *jamais* trempé dans ces *chroniques politiques* finales de la *Revue des Deux-Mondes*, en aucun temps depuis 1834, c'est-à-dire depuis qu'elle a pu commencer à avoir des relations avec le pouvoir et avec la liste civile.

« — Les registres de la *Revue*, très-bien tenus par le *commis* très-honnête homme *Gerdès*, peuvent en faire foi. — Tous les articles qui sont de moi, et qui entraient en compte, y sont notés.

« — *Jamais* je n'ai, de loin ni de près, fait dans mes écrits l'éloge le plus léger, ni de ce régime, ni des roi, princes ou princesses.

» — *Jamais* je n'ai vu de mes yeux ni visité aucun d'eux, sauf une seule fois le roi, lorsqu'après ma réception à l'Académie, je fus, selon l'usage, présenté par M. Villemain, secrétaire perpétuel, et par le directeur (Hugo). Louis-Philippe *ne m'adressa pas la parole*, et moi je ne desserrai pas les dents. J'en fus quitte pour des saluts.

» — *Jamais* je n'ai mis les pieds aux Tuileries chez le roi, hors cette fois unique ; et lorsqu'il m'arriva, en deux ou trois circonstances, de ces invitations de concerts ou de spectacle (comme on en adresse aux membres de l'Institut), je m'abstins rigoureusement.

» — *Jamais* je n'ai eu aucun rapport avec M. de Montalivet, directeur de la liste civile, ni ne l'ai visité.

» — *Jamais* je n'ai eu dans ma vie *aucune dette :* ce qui est bien à considérer moralement.

» — Mon cher Reynaud, on m'attaque là par mon côté fort. — J'ai mes faiblesses, je vous l'ai dit : ce sont celles qui donnèrent au roi Salomon le dégoût de tout et la satiété de la vie. J'ai pu regretter de sentir quelquefois que j'y éteignais ma flamme, mais jamais je n'y ai perverti mon cœur.

» — Après cela, que des courtiers d'intrigues se soient donnés auprès des gens crédules pour *distributeurs* de fonds dont ils voulaient être les *détenteurs :* je m'arrête au seuil de ces ténèbres, et je laisse à ceux qui doutent le soin d'expliquer.

» — Non, je ne suis pas (comme vous me le disiez d'abord) tombé dans quelque *guet-apens.* Un homme assis et qui se tient immobile à l'écart, n'y tombe pas. J'ose dire que ce sont les membres du Gouvernement qui y tomberaient en ajoutant foi à une chose absurde . — »

1. M. Charles Clément, du *Journal des Débats*, veut bien me communiquer au dernier moment une note que M. Sainte-Beuve lui avait adressée à Londres, en 1848, au sujet de ces odieuses imputations, et qu'il le priait de mettre sous les yeux de l'ancien ministre de l'intérieur, M. Duchâtel, dont la gestion et le ministère étaient mentionnés en tête de la liste accusatrice des fonds secrets. M. Sainte-Beuve attendait des explications de M. Duchâtel, qui les donna (est-il besoin de le dire?) tout à son honneur. Mais cette note m'arrive trop tard pour être publiée ici. Elle trouvera place, à simple titre de document littéraire, et non plus pour la défense de l'honorabilité de M. Sainte-Beuve, trop au-dessus du soupçon, dans l'appendice du tome Ier de la nouvelle édition de *Chateaubriand et son Groupe littéraire* (chez Michel Lévy), où elle servira de supplément à la préface.

LE DINER

DU VENDREDI-SAINT

— 10 avril 1868 —

On n'a fait entrer dans ce volume que des
fragments relatifs à la biographie de M. Sainte-
Beuve. Mais tout incomplets et décousus qu'ils
sont, l'éditeur, plein de ses souvenirs, fort
d'un service (oui, d'un *service*, il ne craint
pas le mot) intellectuel et littéraire de huit années qui lui apparaissent, en ce moment,
comme ce que dans l'Écriture on appelle

12.

une *Époque* de huit jours, s'est cru autorisé
à publier tout ce dont ses faibles moyens
lui ont permis de faire usage dans les papiers de M. Sainte-Beuve, au lendemain de
la mort, et pour la défense de celui qu'il nom-
mera toujours *son maître*. Il n'a renié aucune
des charges, stipulées ou non, qu'il a cru lui
être imposées dans ce testament d'un grand
esprit, qui l'honora d'un si éclatant témoignage d'amitié.

Aujourd'hui, il croit encore obéir à un devoir. Il a plusieurs fois entendu dire à
M. Sainte-Beuve : « Je raconterai, à la fin
d'un de mes prochains volumes des *Lundis*,
ce qui s'est passé à l'occasion de ce dîner du
vendredi-saint qu'on m'a tant reproché... »
— Le dernier secrétaire de M. Sainte-Beuve,
chargé du soin de ses œuvres posthumes,
s'est mis à rechercher, dans les dossiers
en sa possession, toutes les pièces à l'appui
qu'il lui a été possible de retrouver. Il aurait
pu n'invoquer à ce sujet que son propre témoignage, car sans avoir été du nombre des con-

vives [1], il vit cependant les préparatifs de cette réunion d'élite qui, par le fait, n'avait rien que de très-simple en soi et de fort naturel. M. Sainte-Beuve donnait souvent à dîner, surtout dans les derniers temps de sa vie. Et ce n'était pas la première fois qu'il avait à traiter des convives de cette distinction.

On a voulu faire de nos jours, avec ce dîner, un pendant à la célèbre *Débauche de Roissy*. Rien n'est moins prouvé, en vérité, que la trop fameuse orgie du vendredi-saint au dix-septième siècle. Mais rien aussi ne se prêtait moins au scandale gratuit imaginé par une certaine presse, que le nom d'aucun de ceux qui ac-

1. M. Sainte-Beuve qui, dans les trois dernières années de sa vie, infirme et souffrant, n'allait plus dans le monde, et dînait tous les jours comme en famille avec les personnes de sa maison qui l'entouraient à sa table, — qui n'avait d'ailleurs auprès de lui ni parents ni proches, — se serait fait un scrupule de présenter ainsi familièrement à des amis, autres que les plus intimes, ce qu'il appelait sa *maisonnée*. Sa déférence en pareil cas était celle d'un homme du monde qui se pique avant tout d'être poli : il avait le respect de ses hôtes, et ne craignait rien tant que de les gêner.

ceptèrent à dîner chez M. Sainte-Beuve, le vendredi 10 avril 1868.

En maître de maison et qui sait vivre, M. Sainte-Beuve était de la plus prévoyante politesse, quand il donnait à dîner ; mais ce n'était que de la politesse, dont il ne faut pas trop louer un honnête homme qui ne s'en fait pas un mérite, mais un devoir. Il ne craignait rien tant que la gaucherie ou la *cuistrerie*, ces deux écueils des gens de lettres. Il eut de tout temps à cœur qu'on ne vît pas de taches d'encre dans son cabinet, comme il en avait remarqué chez M. Villemain. Il ne voulait pas que l'écrivain fût *bas bleu* jusqu'au bout des ongles. On lui tenait toujours sur son bureau, à portée de sa main, un flacon d'eau de Cologne, dont il répandait vite quelques gouttes sur le sol, dès qu'une agréable visite venait le surprendre dans la journée, au milieu de son travail. C'étaient là de ses coquetteries d'écrivain, et il appliquait à ces petites attentions de la vie les mêmes soins, les mêmes qualités essentielles qu'il exigeait avant tout de sa critique : il avait horreur du *pédant*, et ne l'était pas. Il exorcisait de chez lui ce qui aurait pu rappeler l'air de *classe*, — l'odeur de renfermé. Il était en tout le contraire de l'*école* de Gustave Planche.

A l'égard des convives, quand il en attendait, ce tact exquis, ce goût sûr le faisaient aller au devant de toutes les précautions : une entre autres, qui n'étonnera personne dans la bonne compagnie. Une de ses attentions, une de ses délicatesses, était toujours de soumettre par avance le choix des convives, les noms des invités, à la personne, homme ou femme, qui devait être l'ornement du festin, l'invité de prédilection, le convive par excellence. Bien que depuis l'abbé Gerbet il n'ait donné à dîner, à ma connaissance, à évêque ni curé, il y avait toujours, dans ces réunions, une personne qui était le centre ou le pivot autour duquel se groupaient les autres convives. Ce fut Mme Sass, à l'un de ces derniers repas, et elle désigna elle-même MM. Arsène Houssaye et le compositeur Reyer. Il n'est pas besoin de dire si l'on y fit de la musique et de l'esprit.

M. Sainte-Beuve ne se considérait, ces soirs-là, chez lui, selon sa propre expression, que comme *le maître du cabaret*, où il avait surtout à cœur qu'il n'y eût pas de contrainte gênante. Le dîner se donnait dans sa maison, il y assistait, mais ce n'était jamais lui qui présidait. Il se plaçait au bout de la table. C'est de là qu'il voyait mieux si tout allait bien, au gré de tout le monde.

Un dîner chez lui était pour M. Sainte-Beuve un art de *maestria*, qu'il avait étudié avec soin, et auquel il apportait autant de préparation et de délicatesse d'esprit que dans une composition littéraire : sa préoccupation le prenait, à travers ses autres travaux, plusieurs jours à l'avance, et ne le quittait qu'au moment où la compagnie, dans l'entrain de la causerie et d'une conversation animée, témoignait que le dîner allait *tout seul*, et, comme on dit, sur des roulettes.

Ces détails biographiques et de caractère

n'ont rien de puéril ni qui doive paraître *superfin*
à des esprits qui seraient tentés de trouver ces
délicatesses d'une recherche de compte-rendu
trop excessive. Elles font partie des traits
d'un homme qui portait ses goûts d'écrivain
et de penseur dans toutes les manifestations
de sa vie ; qui ne négligeait pas plus la forme
que le fond, attentif à tout, scrupuleux sur
tout, chaleureux dans l'amitié, aimant, généreux et bon, loyal et libéral, — la probité même
(c'est peu dire) dans tous les actes de la vie,
— esprit droit et juste, clairvoyant ; un cœur
de poëte, montrant la sensibilité exquise d'un
artiste dans tout ce qu'il a écrit, pensé ou *vécu*,
mais en ayant aussi les répugnances. Et il avait
l'horreur instinctive du grossier, du bas et
du trivial. Il me semble que ceci, dont je ne
veux donner aujourd'hui qu'une preuve, de-
vrait couper court à toute légende carnava-
lesque et vulgaire, inventée par l'imagination
trop burlesque de quelques *pieux* journalistes.

Les personnes présentes à ce dîner, qu'on
a voulu appeler du vendredi-saint, bien qu'il

n'eût aucun rapport avec la fête religieuse du jour, étaient MM. Taine, About, Renan, Flaubert, Robin (de l'Académie des sciences) et le prince Napoléon.

Ce n'était pas la première fois que le prince Napoléon dînait chez M. Sainte-Beuve. Quant au jour, il n'avait pas été choisi à dessein, mais il avait été désigné d'abord à tout hasard parce que le prince n'avait que le vendredi de libre dans la semaine, et qu'il était à la veille de partir, ce qui ne permettait pas, au cas où l'on y aurait pensé, de remettre le dîner à l'autre vendredi. Mais j'anticipe ici sur les Lettres qu'on va lire.

Croirait-on cependant que moins d'un mois après, M. Sainte-Beuve, qui avait à prendre la parole au Sénat dans la discussion sur la loi de la presse, — ce qu'il fit dans la séance du 7 mai suivant, — fut averti par une voie tout à fait amicale et des plus délicates, que M. Troplong aurait bien désiré avoir de lui quelques détails, qui fussent la vérité même, ur ce qui s'était passé au juste dans sa mai-

son à ce fameux dîner du vendredi-saint, dont
on parlait tant? Les journaux, — certains
journaux qu'on aurait crus rédigés par des in-
sulteurs matamores ou. des sacristains en go-
guette, — avaient fait tant de bruit que les
oreilles des sénateurs en étaient tout alarmées.
M. Troplong, leur président, ne cessait d'être
assailli par des collègues très-portés à donner
créance à la légende, qui lui demandaient :
« Mais enfin, est-il vrai qu'il s'est fait une
orgie chez Sainte-Beuve le vendredi-saint ? »
Le président avait beau défendre son collègue
par des raisons tirées soit de son caractère
sérieux, répugnant à tout enfantillage, soit
des noms mêmes des convives qu'on lui citait,
il ne pouvait parvenir à réfuter dans l'esprit
des sénateurs ce que leur imagination crédule et naïvement *populaire* se prêtait trop à
croire ; le bon sens de M. Troplong ne parve-
nait pas à dissiper toutes ces invraisem-
blances, et demeurait embarrassé et à bout
d'arguments devant l'insistance d'honnêtes
vieillards, trop prompts à se scandaliser. Il

n'est pas d'ineptie qui n'ait été inventée à cette
occasion[1]. Le président du Sénat, qui avait pour
M. Sainte-Beuve une estime et une amitié
dont on peut voir un témoignage par sa lettre
à la fin des articles sur *M. de Talleyrand*[2],
mais qui n'en faisait rien paraître en séance,
quand il présidait, ne laissait pas d'être in-
quiet pour le jour où son collègue viendrait
prendre la parole. Il craignait une séance tu-
multueuse, et il cherchait à conjurer d'avance
la bourrasque, à cause du scandale (réel
cette fois) dont il voyait les avant-coureurs,
et qu'il voulait éviter à tout prix. C'est
dans ce but qu'il ouvrit une enquête qui n'a-

1. J'ai eu en main quelque chose d'imprimé, qui se
vendait en librairie : cela s'appelait *le Contre-poison*,
un petit almanach pour l'année 1869, inspiré peut-être
par le Saint-Esprit, mais à coup sûr qui en manquait,
d'esprit. La légende du prétendu banquet du vendredi-
saint y était représentée en tête par une vignette avec
les noms de *Sainte-Beuve* et *Voltaire* en exergue.
J'avoue qu'il n'y avait pas de quoi se plaindre. Les
noms de Taine et d'About s'y lisaient aussi. Eh ! mais...
que voudrions-nous de plus? nous serions bien difficiles. Ces pavés sont des louanges. Personne ne
s'est plait d'être en si bonne compagnie.

2. *Nouveaux Lundis*, tome XII, page 133.

vait rien d'officiel, tout intime et tout amicale, à la source même, auprès de celui qui
pouvait le renseigner le plus sûrement.

M. Sainte-Beuve, qui n'aurait jamais pensé
qu'un dîner donné chez lui produisît tant de
tapage, répondit dans le premier moment
par ces mots bien connus : « Voilà bien du
bruit pour une omelette au lard [1]. »

1. Il ne faudrait pas croire cependant qu'il se soit
mangé des saucisses et des boudins, comme on le ré
pète encore. Pour dissiper complétement la légende,
nous donnerons le menu du dîner, qui n'a rien de religieux ni d'anti-religieux ; nous l'avons conservé exprès depuis ce temps-là pour le faire savourer un jour
à M. Veuillot. — Ma seule crainte est qu'il ne le
trouve un peu *bourgeois :*

Potage au tapioca	Pointes d'asperges
Truite saumonée	Salade
Filet au vin de Madère	Parfait de café
Faisan truffé	Dessert.

N'oublions pas l'inévitable buisson d'écrevisses,
Et un plat de maigre pour une dame pieuse qui l'avait
réclamé pour elle seule, et à qui sa santé ne permit
pas ensuite de venir. Je ne plaisante pas, en parlant
ainsi. Aussi le dîner ne se passa-t-il qu'entre hommes.
J'allais oublier les vins :

Château-Margaux	Musigny
Nuits	Château-Yquem
Champagne.	

La Providence a permis que les Prussiens ne vins-

Déjà un ami lui avait été dépêché confidentiellement du ministère de l'intérieur, pour lui demander s'il fallait laisser entrer en France un journal de l'étranger, qui relatait la légende tout au long avec force broderies. M. Sainte-Beuve, à la veille de prononcer un discours pour la défense de la liberté de la presse en plein Sénat, n'eût pas été logique de s'y opposer, encore qu'il ne se reconnût aucun droit de le faire ; mais on n'y regardait pas de si près en ce temps-là en fait d'arbitraire ! Le bruit d'ailleurs qu'on eût refoulé par une voie serait entré par une autre.

M. Sainte-Beuve ne prit la chose un peu au sérieux que lorsqu'il vit l'inquiétude de M. Troplong. Pour le tranquilliser et l'édifier, il prit la plume et lui répondit :

sent pas boire ce qui reste encore de ces vins dans la cave de M. Sainte-Beuve.

« Ce 23 avril 1868.

» Monsieur le Président,

» Je reçois par un canal amical votre avis bienveillant.

» Je vous avoue que je ne m'étais pas figuré qu'il fût besoin d'entrer dans des explications sur un fait en soi des plus innocents, des plus insi gnifiants, et tout à fait intime, de la plus stricte intimité. — La badauderie d'abord, encore plus que la méchanceté, avait pu broder là-dessus ; mais après les premières exagérations, cela se réduit et tombe de soi-même.

» Habitué que je suis à la presse, la presse sait qu'elle peut et pourra toujours tout se permettre à mon égard sans que j'invoque les lois, ni même que je recourre au droit de répondre directement. Ma vieille expérience m'a appris que c'était le plus sûr moyen de la laisser revenir à une plus juste appréciation des faits, et de mettre les malveillants dans leur tort.

» Vous me verrez, Monsieur le Président, si la parole m'est accordée, parler contre l'amendement introduit dans la loi par M. de Guilloutet, tout comme si l'incident dernier n'avait pas eu lieu.

» Mais qu'il fût besoin pour reparaître devant le Sénat, de donner des explications à ce sujet, je vous le répète, Monsieur le Président, cela me confond, et je ne pouvais supposer chez aucun de MM. les sénateurs une crédulité qui serait vraiment attristante.

» Si la parole m'est donnée, comme vous avez daigné m'en assurer, je me rendrai le jour dit à la séance ; j'y parlerai en toute modération, selon mon devoir et ma conscience ; si (ce que je ne puis admettre) quelque interpellation outrageuse m'était adressée, je me refuserais à y répondre ; et si votre équitable bienveillance ne parve-

nait point à me faire écouter, je rentre-
rais chez moi une demi-heure plus tôt
pour ne retourner de nouveau au Sénat,
que le jour où s'ouvrirait la discussion
sur le Rapport de M. Chaix d'Est-
Ange [1], où je me sens appelé en vertu
de mes convictions les plus profondes.

» J'y renouvellerais le même effort
et je ferais en sorte de concilier deux
devoirs : celui de me mettre en avant
pour défendre les vérités politiques que
je crois utile de faire entendre, et
aussi le devoir qu'a tout honnête

---

1. *Sur la liberté de l'Enseignement.* C'est dans
cette séance du 19 mai 1868, que M. Sainte-Beuve
proclama à la tribune le grand diocèse de la libre-
pensée.

homme qui a déjà un pied dans la vieillesse, et dont la santé est ébranlée, de ne pas venir se faire insulter et menacer au delà du nécessaire.

» Je dis *menacer* et *insulter*, Monsieur le Président, car veuillez vous souvenir de ce qui s'est passé et du rôle qui m'a été fait de la part de quelques sénateurs. Je n'ai nominalement de près ni de loin attaqué personne : le principe de toutes ces colères vient de ce qu'entendant une déclamation extra-politique, j'ai défendu un ami et un noble écrivain absent [1]. Objet moi-

1. M. Renan, attaqué par M. de Ségur d'Aguesseau, dans la séance du 29 mars 1867.

même d'attaques et d'apostrophes sans exemple dans une telle Assemblée, je n'ai répondu dans la suite qu'à une seule de ces attaques, la plus arrogante de toutes. Là - dessus, j'ai été personnellement provoqué à un combat par les armes [1], et l'homme qui a été choisi comme porteur de la provocation avait déjà fait ses preuves au su et au vu du soleil [2]. C'est par de telles

---

1. Faut-il rappeler qu'il s'agit ici de M. Lacaze et de son cartel ridicule? Voir la séance du Sénat du 29 mars 1867 et celle du 25 juin suivant, dans laquelle M. Sainte-Beuve répondit à l'apostrophe de M. Lacaze, à la suite de quoi celui-ci lui proposa un duel. On n'a pas oublié la réponse qu'y fit M. Sainte-Beuve, et dont tous les journaux retentirent alors. M. Sainte-Beuve l'a recueillie, avec tous les incidents de ces deux séances, dans la brochure où il a publié son discours A propos des Bibliothèques populaires (chez les éditeurs Michel Lévy frères).

2. M. le baron de Heeckeren.

voies de conciliation qu'on a prétendu me faire reculer et m'amener à résipiscence. Si ce n'est pas là de l'*intimidation*, je ne m'y connais pas.

» Je me suis tu, je me suis abstenu de tout ce qui n'était pas strictement nécessaire au maintien de mon honneur dans cette affaire affligeante. Je crois m'être comporté plus véritablement en sénateur que ceux qui agissaient comme s'ils avaient été membres non pas d'un Sénat, mais d'un cercle.

» Aujourd'hui, après avoir laissé dire, avoir continué dans ma modeste vie à suivre autant que je l'ai pu mes études et mon travail, ne dois-je pas

m'étonner que par cela seul que j'ai
à parler sur une ou deux questions
pour lesquelles je me crois moins in-
compétent, je ne sois sûr de pouvoir le
faire qu'après des explications sur un
fait étranger, dénaturé, intime, et sur
lequel d'ailleurs un excellent collègue,
M. de La Guéronnière, à qui j'en sais
tout le gré que je dois, a fait donner
dans le journal qu'il dirige, les éclair-
cissements (faut-il qu'on en soit là, bon
Dieu !) les plus voisins de la vérité?

» En vous écrivant cette lettre, Monsieur le Président, je ne vous demande
point le secret, et en vérité, je voudrais
qu'elle pût être lue en comité secret de-

vant tout le Sénat. Je ne puis penser qu'à
défaut de la bienveillance, elle ne ren-
contrât du moins un sentiment général
d'équité.

» Veuillez agréer, Monsieur le Président, l'hommage de ma gratitude et
de mon respect,

» SAINTE-BEUVE. »

On sait ce qui advint dans cette même
séance du 7 mai 1868, où M. Sainte-Beuve
prononça son discours sur la liberté de la
presse; il ne cessa d'être interrompu, malgré
les protestations de quelques-uns de ses collègues, au nombre desquels il est juste de
rappeler aujourd'hui les noms de MM. de
Nieuwerkèrke, de La Guéronnière et de Mau-

pas. Ce dernier voulait bien écouter et bien
entendre, pour mieux réfuter ensuite. Mais
enfin, à quelques raisons qu'on puisse at-
tribuer les murmures de MM. les sénateurs, au
lendemain d'un dîner qui les avait tant alarmés
et qui les alarmait encore, le mot du cardinal
de Retz trouvait son application éclatante :
« Toutes les grandes Assemblées sont *peuple*. »
Et M. Sainte-Beuve, en combattant, comme il
l'a dit plus haut, dans son discours, l'amendement Guilloutet, qui rendit un moment célèbre
son auteur, et qui était dirigé, comme on sait,
contre l'immixtion des journaux dans la vie
privée, avait certes beau jeu ce jour-là : on
s'occupait assez depuis un mois de ce qui s'é-
tait passé chez lui, et la haute Assemblée ne
se montrait pas la moins commère dans
toute cette affaire. Mais nous remuons aujourd'hui des cendres mortes.

Voici maintenant quelques lettres à des amis sur le même sujet :

A M. AUGUSTE VILLEMOT [1].

« Ce 19 avril 1868.

« Mon cher ami,

« Il faut convenir que le bon sens relevé d'esprit et de gaieté soulage un peu de bien des bêtises. C'est l'effet que vous produisez souvent, et je vous remercie d'avoir bien voulu dépenser à

1. Pour le remercier de son spirituel et amical article du *Figaro* (du 19 avril 1868) sur le *fameux* dîner.

mon occasion un peu de votre bonne monnaie courante.

» En définitive, il faut se féliciter et se demander ce qui serait arrivé, il y a deux siècles, aux six malheureux amis qui ont eu l'idée de causer un jour à dîner, tel vendredi plutôt que tel autre. Il y a l'histoire d'un certain vendredi dans Bussy-Rabutin ; on appela cela la *débauche de Roissy*. Tous ceux qui y furent, ou qui furent censés y avoir été, en pâtirent. Ici, de notre temps, il n'y a pas eu du tout débauche, mais simplement conversation d'honnêtes gens. On n'en est pas moins dénoncé, mais on s'en moque. Il n'est pas mal qu'il y ait des jalons pour marquer, de temps en temps, le retrait des religions en décours. Notre innocent vendredi sera un de ces petits jalons.

» Tout à vous,

» SAINTE-BEUVE. »

A M. BERGMANN

DOYEN DE LA FACULTÉ DES LETTRES DE STRASBOURG

« Ce 27 avril 1868.

» .... Je vois que tout ce tapage pour l'*omelette au lard* est allé jusqu'à vous. Il faut avouer, comme dit Voltaire, que nos Welches ont bien peu de chose dans l'esprit et sous la dent pour s'occuper de ces niaiseries ; un peu d'odieux s'y est mêlé : l'infamie ecclésiastique a fait son métier comme toujours. Tâchons de suivre notre ligne sérieuse à travers ces brouhahas et ces sottises.

» A vous de cœur,

» SAINTE-BEUVE. »

A UN SAVANT AMI DE PROVINCE,
LÉGITIMISTE ET TOLÉRANT

« Ce 28 avril 1868.

» .... Puisque le bruit de ce dîner est allé jusqu'à vous, il est bon que

vous sachiez pourtant qu'à part le fait
d'avoir eu six amis à huis clos ce jour-
là, il n'y a pas eu un mot de vrai dans
tout ce qu'on a raconté. C'est le journal *la France* qui a le mieux réduit le fait à sa simple expression.
Quant à Veuillot, il a fait son métier,
malheureux métier pour un homme
d'esprit! mais, sans compter qu'il est
peu éclairé, il a l'imagination naturellement ignoble, ordurière et crapu-
leuse, et dès qu'il est ému et que cela
se secoue, il en sort ce qui est dedans;
et ce dedans n'est pas beau. On rougi-
rait d'avoir à se justifier d'avoir reçu
dans la plus étroite intimité, au fond

d'un faubourg, sans bruit et sans éclat,
six amis auxquels le jour était indifférent, et dont l'un, le plus considérable, devant quitter Paris, avait choisi
d'abord à tout hasard ce vendredi-là : et
à la réflexion, il n'y avait aucun motif
(ceux qui devaient être du dîner étant
ce qu'ils sont) de rejeter le jour et de
le vouloir remettre. Mais la badauderie
d'abord, qui en a eu vent, a donné l'i-
dée à la calomnie et à l'invective d'at-
trouper les gens à scrupules. C'est
peut-être triste, mais pour d'autres que
pour moi... »

A UN CATHOLIQUE

« Ce 12 mai 1868.

» Monsieur,

» J'ai avant tout à vous remercier de l'intention bienveillante du sentiment de charité qui a inspiré votre lettre. Nous sommes peu accoutumés ici à de tels procédés de la part des coryphées du parti clérical, que je n'ai garde d'ailleurs de confondre avec les vrais chrétiens.

» Mais, Monsieur, puisque vous me faites l'honneur de me lire et d'être en rapport avec moi par mes écrits, comment avez-vous pu croire que j'aie réel-

lement voulu faire une *démonstration*
le vendredi-saint? Je ne parle pas de mes
anciens ouvrages, mais pour m'en tenir aux derniers en date, veuillez ou-
vrir mes neuf volumes des *Nouveaux*
Lundis, à tous les endroits où il est
question de religion, de christianisme,
et voyez dans quels termes je me suis
exprimé !

» J'ai, depuis six mois environ, donné
une nouvelle édition revue, augmentée,
de mon livre de *Port-Royal*, *six* volumes, qui portent à chaque page la
marque du respect pour le christianisme, et de l'intelligence que je crois
en avoir par le côté historique et aussi

par le sentiment moral. Je serais tenté vraiment, pour vous punir de vos jugements téméraires, de vous en infliger la lecture.

» Si j'avais l'honneur de causer avec vous, Monsieur, je vous édifierais en deux mots sur ce dîner qui n'est devenu un *banquet* que dans l'imagination des chroniqueurs. Tous les détails qu'on a prétendu donner, et auxquels vous semblez ajouter foi, sont controuvés et inventés. N'auriez-vous point, Monsieur, vous si réellement chrétien, quelques petites observations à adresser à vos bons amis les catholiques qui font usage de telles armes

si eux-mêmes ne les ont pas for-
gées?

» De quel droit me qualifiez-vous
du titre d'*athée?* C'est une accusation
mobile que les orthodoxes de tous les
temps se sont plu à promener successivement et à faire planer sur
toutes les têtes qui les gênaient.
Lisez encore une fois mes écrits, vous
y trouverez plus de doutes que d'affirmations sur les choses que je ne sais
pas. Car ne croit pas à la révélation
qui veut.

» Vous-même, Monsieur, qui vous
montrez si aisément crédule pour la ridicule légende d'hier qui me con-

cerne, comment voulez-vous que j'admette que vous ayez porté un esprit d'examen bien sévère et réellement critique dans la vérification des obscures et inextricables légendes d'autrefois ?

» Vous êtes heureux à votre manière ; je respecte votre bonheur, et j'admire le mouvement de sympathie morale qui vous porte à m'y convier. Mais encore une fois, votre lettre présuppose quantité de faits tant matériels que moraux, dont vous n'êtes nullement informé, elle n'atteint pas le fond de ma pensée, et elle ne me laisse qu'une reconnaissance bien sincère

14

pour la bonté toute gratuite dont elle m'est un précieux témoignage.

» SAINTE-BEUVE. »

Nous rentrons maintenant avec ces deux dernières lettres dans le domaine littéraire ·

A M. ERNEST D'HERVILLY

« Ce 5 mai 1868.

» Monsieur,

» J'aurais bien du regret si j'étais pour quelque chose dans ce refus d'autorisation [1]. Je ne suis pas assez sot

1. Il s'agissait d'un portrait en charge de M. Sainte-Beuve, par M. André Gill, dans l'*Éclipse* (3 mai 1868),

pour ne pas sentir un ami sous cette
gaie licence rabelaisienne où s'est joué
un vigoureux crayon. Votre Notice aurait d'ailleurs achevé, s'il en avait été
besoin, de me marquer l'intention bienveillante de tout le numéro. Dans cette
Notice, j'ai été surtout très-touché, et
à l'endroit chatouilleux, de l'attention
accordée par vous au poëte, au roman-
cier d'autrefois, à ces parties moins
en vue, un peu oubliées, et auxquelles
l'amour-propre de l'auteur tient d'autant plus chèrement. Mais vous-même,
vous êtes poëte, et voilà le secret de

auquel M. d'Hervilly avait joint une notice, et dont la
vente, on ne sait pourquoi, fut interdite.

cette pénétration *sous-cutanée* et de cette sympathie.

» Veuillez agréer l'assurance de mes sentiments dévoués,

» SAINTE-BEUVE. »

A M. CAMILLE DELTHIL

RÉDACTEUR DU *Messager du Sud-Ouest*

« Ce 27 mai 1868.

» Monsieur,

» Me voilà saisi et au vif [1], et je ne m'en défends pas. Je me demande bien un peu (tout bas) comment je suis tout cela, comment on peut me voir si

1. Dans un article du 23 mai 1868.

en beau, et si l'éloignement ne prête pas à l'illusion. Je ne suis point étonné d'ailleurs de ce que je fais, et je ne me trouve point du tout hardi : ce n'est du moins qu'une hardiesse bien relative. Sachez, cher Monsieur, que lorsqu'il y a juste quarante ans, en 1828, je publiais mon premier ouvrage, où je soutenais que RONSARD n'était pas du tout le mauvais et ridicule poëte que prétendaient les classiques, je faisais un bien autre acte d'audace, et que je risquais bien plus de me faire lapider. Aujourd'hui le nombre est pour nous, et nous avons de notre côté les gros bataillons des esprits.

14.

» Veuillez agréer, avec mes remer-
ciments, l'assurance de mes sentiments les plus distingués,

» SAINTE-BEUVE. »

J'ai gardé pour le bouquet cette lettre de
l'un des convives, qui acceptait son invitation
en ces termes :

« Mon cher Maître,

» Encore que mes principes religieux me défendent de faire maigre
le vendredi, je serai bien heureux de
dîner avec vous, dût-on servir à table
l'esprit des cardinaux, le courage de
M. L..., la charité de Dupanloup,

l'éloquence de Charles Dupin, le génie du maréchal Canrobert, la chasteté du sénateur..., et généralement tout ce qu'il y a de plus impalpable au monde.

» Tout à vous de cœur et d'esprit, ô esprit plein de cœur! »

Et la signature? Elle se lit en toutes lettres, mais si vous ne la devinez pas, permettez-moi de ne pas la dénoncer au tribunal de l'inquisition.

DERNIÈRE ANNÉE[1]

Le dernier événement littéraire dans la vie
de M. Sainte-Beuve a été sa collaboration au

1. Ce chapitre, disons-le tout de suite, qui a servi
d'Introduction au tome XII des *Nouveaux Lundis*,
était composé dès le mois de mars 1870, et devait paraître au commencement de l'hiver suivant, avec le
volume, en tête duquel on a pu le lire, sans les événements qui en ajournèrent l'apparition jusqu'en août
1871. Mais alors l'Empire était tombé, et passé le saint,
passé la fête! Ces pages étaient surtout destinées à
être lues sous l'Empire, dont rien alors ne faisait pré-
sager un effondrement si prochain. Si nous les faisons
entrer aujourd'hui dans la composition de ce petit
livre, c'est parce qu'elles contiennent encore à nos

journal *le Temps*, l'année même de sa mort, en 1869. Il avait pour principe qu'il fallait toujours *débuter* pour bien faire, et apporter à chaque nouvelle entrée de carrière une ardeur renouvelée et rafraîchie. Il rappelait à ce sujet un mot de Bonaparte à un de ses vieux généraux, épuisés et fatigués en 1814 : « Allons, nos bottes de 93, et en avant ! » M. Sainte-Beuve entretint ce feu sacré jusqu'à la fin, et s'il surmenait son corps à force de travail, il

---

yeux un épisode important dans la vie d'un littérateur, qui ne voulut pas que les Lettres, qu'il représentait au Sénat, et auxquelles il devait, seules, sa dignité de sénateur, fussent subordonnées en sa personne à des intérêts purement administratifs. Il l'explique lui-même dans la note posthume, par laquelle nous avons clos le chapitre. Mais nous ne nous le dissimulons pas, une publication dans le goût de celle-ci, écrite à bâtons rompus, abandonnée puis reprise à plus d'un an d'intervalle, avec le large fossé qui sépare aujourd'hui la France mutilée et peu glorieuse de ce qu'elle était avant nos défaites et nos désastres, se ressentira nécessairement de l'ancien monde et du nouveau. L'éditeur qui pouvait se croire, il y a deux ans, bien hardi, en s'attaquant par la plume de son maître à des personnalités enflées et outrecuidantes, sent aujourd'hui combien ce chapitre a pâli et a vieilli. Il essayera du moins de le rendre plus vif en éclairant par des notes les allusions de certains passages.

retrouvait la source de l'esprit abondante et vive [1].

Qui le croirait cependant ? L'entrée de M. Sainte-Beuve au *Temps* occasionna plus d'un débat et produisit plus d'une rupture. La direction du nouveau *Journal officiel*, où il avait refusé d'écrire, s'en émut. On vint lui contester le droit, à lui sénateur, d'écrire dans un journal qui n'avait ni couleur ni attache gouvernementale. On revendiquait, à l'égard de M. Sainte-Beuve, le monopole littéraire, dans les régions administratives et officielles de la presse.

1. Je rappellerai (pour donner dans ce volume une bibliographie complète des publications de M. Sainte-Beuve au moment de sa mort) les principales physionomies de ses articles au *Temps* qui ont été recueillis depuis dans les douzième et treizième volumes des *Nouveaux Lundis*, — *Talleyrand*, — *Mme Desbordes-Valmore*, — *Jomini*, etc. — D'autres articles, empruntés à différents Recueils, y ont également pris place, — *J.-J. Ampère*, — *Gandar*, — *Saint-Evremond*, — *Joachim du Bellay*, — *César*, — *M. d'Alton Shée*, — *l'Académie française*, — *Pongerville* et *M. Viennet*. Une lettre de M. Sainte-Beuve à M. Nefftzer sur le sénatus-consulte, qui parut encore dans *le Temps* pendant le mois qui précéda sa mort (n° du 7 septembre), figurera dans un Recueil projeté de ses Discours au Sénat.

On disait d'abord (sans doute parce que *le Temps* n'était pas d'une nuance assez foncée pour paraître *rouge*) que c'était un journal *orléaniste*. On avait beau objecter que M. Louis Blanc y écrivait, et que c'était au moins une feuille d'un radicalisme impartial, sans parti pris ni passion : *orléaniste* n'en restait pas moins l'injure tombée de haut, à la veille du triomphe des anciens partis qu'elle caractérisait le mieux [1]. On trouvait ce passage de M. Sainte-Beuve au *Temps* incompréhensible, inexplicable (pour me servir des expressions les plus douces) de la part d'un écrivain dont la plume devait être et rester avant tout *inféodée* (c'est presque le mot qui a été employé [2]) à la littérature officielle de l'Empire. — M. Sainte-Beuve, fort et convaincu d'un droit selon lui professionnel, et que tous les écri-

1. Il ne pouvait être fait allusion ici, à l'époque où ce chapitre fut écrit, qu'à la formation du nouveau Cabinet ministériel du 2 janvier 1870, tout composé, comme on s'en souvient, d'anciens ennemis de l'Empire, et auquel se rallièrent bientôt MM. Prévost-Paradol, Weiss, etc.

2. Je crois même qu'on a dit *vassal.*

vains revendiqueraient avec lui, d'écrire dans
un journal de son choix, fut tout étonné de
l'avalanche de récriminations et de reproches
dont il eut à se garer le lendemain de l'insertion de son premier article au *Temps*[1]. Il n'en

1. Il écrivait quinze jours après à une Princesse :

« Ce 17 janvier 1869.

» Princesse,

» Quinze jours se sont écoulés.

» J'ai beau chercher et m'interroger, je ne puis découvrir que j'aie eu aucun tort personnel envers
Votre Altesse.

» Vous m'aviez accoutumé, Princesse, à une amitié
toute différente, — si différente que je n'ai pu considérer l'entrevue de lundi que comme un accident
extraordinaire, quelque chose qui n'était pas de vous,
mais d'un autre.

» Pour moi j'ai mis le signet après la visite du
dimanche. Le livre se ferme pour moi ce jour-là à
cinq heures et demie du soir : se rouvrira-t-il jamais
un jour ?

» Je sais ce que je dois à tant de bontés, à tant de
souvenirs, à tant d'avances d'amitié dont les témoignages m'environnent et ne cesseront de m'entourer.
L'étonnement dont j'ai été saisi lundi et dont j'ai eu
peine à revenir passera. Tout ce qui a précédé vit et
vivra. En ceci du moins je garderai la foi qui me
manque si souvent ailleurs : même lorsque je ne
pourrai plus espérer, j'attendrai encore, et une voix

persista pas moins dans sa résolution d'écrire désormais dans un journal modéré et libre de tout joug, où des amitiés éprouvées lui tendaient la main, et où il savait que les convictions philosophiques, qu'il venait de défendre au Sénat, trouveraient autour de lui non-seulement la tolérance avec un peu d'indifférence (comme cela aurait pu lui arriver dans d'autres feuilles amies et libérales), mais aussi une sympathie sûre et de fermes soutiens, des plumes instruites et sérieuses avec lesquelles il se sentait en parfaite communion d'idées. MM. Nefftzer et Scherer n'étaient pas pour lui des amis d'hier seulement [1], et s'il m'était

du dedans murmurera tout au fond de moi : *Non, ce n'est pas possible!*

» Je mets à vos pieds, Princesse, l'hommage de mon respectueux et invariable attachement,

» Sainte-Beuve. »

1. Il avait fait en 1860 un article sur M. Scherer (*Causeries du Lundi*, t. XV). — Je retrouve la minute d'une lettre de M. Sainte-Beuve à son vieil ami, le poëte romantique Ulric Guttinguer, qui est mort le 21 septembre 1866, âgé de plus de quatre-vingts ans. Je la publierai ici tout entière, comme M. Sainte-

permis de citer un vieux proverbe qui me revient, dans ces souvenirs d'une vie qui,

Beuve l'a laissée, pour ne rien distraire de ce qui y
amène une dernière ligne sur M. Scherer. On y verra
aussi qu'il n'y reniait rien de la sincérité de ses sentiments à aucune époque de sa vie :

« (Ce 14 mai 1862.) Cher Ulric, vous êtes donc incurable ; vous êtes resté l'homme de nos belles et
jeunes années, de nos ardeurs qui ne vivent plus
qu'en vous et en un autre ami que peut-être vous
avez oublié, Victor Pavie d'Angers, celui-là encore un
fidèle, un chapelain resté pieux de notre chapelle
ardente ! Nous, nous avons trop vécu de la vie assu-
jettie et productive, de la vie prosaïque et mercenaire,
et la Poésie, cette maîtresse jalouse, s'en est enfuie.
Vous nous avez vus dans ces deux ou trois années de
véritable ivresse, vous m'avez vu dans ces six mois
célestes de ma vie qui m'ont fait faire les *Consolations ;* vous avez contribué à m'y inspirer par ce mé-
lange de sentiments tendres, fragiles et chrétiens que
vous agitez en vous et qui sont un charme. Merci donc
pour ce cri d'autrefois, dussé-je vous trouver injuste
pour le critique trois fois indulgent, dont la sévérité
habituelle a fléchi à mon égard. Mais vous, vous n'êtes
pas un critique, vous êtes le frère aîné de cette *jeune
École* à laquelle vous survivez. — Nos cœurs, du
moins, s'entendent toujours, et le mien vous remercie,
— SAINTE-BEUVE. »

Et ici une parenthèse et une note se rapportant au
critique dont il vient d'être question dans la lettre :

« Il s'agissait, dit en renvoi M. Sainte-Beuve, de
M. Edmond Scherer, qui avait écrit dans le journal *le Temps* un article sur moi. Ulric Guttinguer en
avait pris occasion d'en faire un, à son tour, dans le
Recueil intitulé *la Mode nouvelle* (n° du 12 mai 1862).»

comme celle de tout grand travailleur, ne laissait pas d'avoir ses éclaircies de gaieté, je dirais qu'ils se connaissaient bien, ayant *mangé plus d'un grain de sel* ensemble [1].

Et puisque nous sommes en veine de confession et d'une défense qui n'est pas difficile, il y avait plus d'un an, si l'on veut le savoir, que M. Sainte-Beuve avait dit à ses amis que s'il était jamais libre, il accepterait la collaboration du *Temps*, qui lui avait été déjà offerte.

1. Il n'y avait pas bien longtemps encore, quand il est mort, que M. Sainte-Beuve disait à un ami en face de lui, dans une de ces conversations familières qui le prenaient parfois après une forte journée de travail : « Je ne me serais pas cru libre dans un journal qui porte un emblème en tête (il montrait le *Journal officiel*) ; il faut trop se ranger, quand on marche sous une bannière ; on a peur de marcher sur le pied de son voisin ; on se gêne ou l'on gêne ; on n'est plus là pour discuter, mais pour suivre ; on est enrôlé ; allez donc discuter les affaires de Rome, par exemple, comme on les sent, dans un journal qui épouse tant la légitimité que cela, qui semble voué à la reine Marie-Antoinette, où il est sans cesse question d'elle !... Au *Temps*, je suis comme quand nous causions à la table de Magny : j'y retrouve Nefftzer, Scherer ; nous sommes là toujours entre amis ; on ne craint pas d'y exprimer tout haut ce que l'on pense, quand même ce ne serait pas l'opinion du voisin, et on laisse la parole au voisin qui réplique... »

Mais un traité, à sa sortie du *Constitutionnel*, l'engageait avec *le Moniteur*, et il ne voulait pas rompre avec M. Dalloz, même quand *le Moniteur* cesserait d'être *officiel*, — car c'est surtout de l'*officiel* que M. Sainte-Beuve avait envie de sortir. — On saura quelle circon-stance le fit passer d'emblée de l'ancien *Moniteur* au *Temps*. Mais de toutes les collabo-rations qui lui furent offertes dans cet intervalle de fin d'année où l'on guettait dans la presse la dislocation du *Moniteur* gouver-nemental, qui allait rendre libres les écrivains liés antérieurement par un traité, celle du *Journal officiel* est la seule que M. Sainte-Beuve ait bien nettement et positivement re-fusée. — A défaut du *Temps*, il fût allé au *Journal de Paris*, qu'il se faisait lire tous les soirs en dilettante et avec une prédilection marquée. « Que dit Weiss ? » était son pre-mier mot quand on lui apportait les journaux du soir ; et qu'on dise encore aujourd'hui que M. Weiss était un orléaniste !

Il lui fallait un journal ; il ne pouvait s'en

passer ; car à son âge, et quand on est en
plein déploiement de talent, on ne se tait que
lorsque la mort vous y force. En vain invo-
quait-on des raisons matérielles en faveur du
Journal officiel : il allait s'organiser mieux,
disait-on, dans la suite, et peu à peu ; il fallait lui laisser le temps ; il paraîtrait au moins
mieux imprimé. — M. Sainte-Beuve n'avait
d'abord pas le temps d'attendre ; il n'y a que
les débutants qui aient éternellement le loisir
de se taire. Et puis il ne pouvait admettre que
le Sénat l'assujettît à telle ou telle feuille : et
c'était bien ainsi, apparemment, que le com-
prit aussi M. Troplong lui-même, dont les
lettres témoignaient d'une telle sollicitude
pour un collègue malade. Il ne croyait pas
que ce fût lui faire trop d'honneur [1] !

1. Bien que déjà publiée ailleurs, je donnerai de
nouveau ici la lettre qu'il écrivit à M. Sainte-Beuve,
lorsque parurent au *Temps* ses articles sur *M. de Talleyrand :*

« (Palais du Petit-Luxembourg, le 3 février 1869.) —
Mon cher collègue, je regrette bien d'apprendre par votre
bonne lettre que l'état de votre santé nous prive de
votre présence et vous retient chez vous. Mais heu-

D'ailleurs le Sénat, qu'on invoquait à cette occasion, aurait bien dégagé depuis long-temps M. Sainte-Beuve de toute considération à ce sujet, s'il eût eu seulement à tenir compte de sa position dans la haute Assem-blée pour le choix d'un journal. La situation qu'on lui avait faite lorsqu'il prit la défense de M. Renan (dans la séance du 29 mars 1867), et, l'année d'après (le 7 mai 1868), à propos de son discours sur la loi de la presse,

reusement qu'il sort de votre studieuse prison des morceaux littéraires que recherchent tous les gens de goût. J'ai lu vos deux derniers articles sur ce *bon su-jet* de Talleyrand, comme disait M. de Maistre dans ses lettres. Vous avez parfaitement raison, quand vous inclinez vers l'opinion qui le regarde comme un des instigateurs de l'arrestation et du meurtre du duc d'Enghien. Au témoignage de M. de Meneval que vous opposez au livre de M. Bulwer, on peut joindre celui de M. Rœderer (*Mémoires*, t. III, p. 541). Il y a aussi un ouvrage qui jette beaucoup de jour sur cette affaire ; c'est celui de M. de Nougarède, intitulé : *Re-cherches sur le procès et la condamnation du duc d'Enghien* (2 vol.). Ces documents mettent dans la plus grande lumière l'imposture de M. de Talley-rand voulant dégager sa responsabilité de ce fatal évé-nement. — Mais je m'aperçois que je porte de l'eau à la fontaine, tandis que je ne veux que vous offrir tous mes sentiments empressés de **bon et dévoué collègue,** TROPLONG. »

prouve bien que le Sénat ne s'intéressait que pour les étouffer à ces questions de livres et de journaux.

Depuis son *esclandre* (je remonte au plus ancien, au premier, cause et origine de tout le mal), M. Sainte-Beuve ne comptait plus au Sénat que *cinq* amis, qui lui donnèrent jusqu'à la fin des marques de sympathie particulières : M. Blondel, qui vint le voir au lendemain de sa querelle avec M. de Ségur-d'Aguesseau, au sujet de la nomination de M. Renan au Collége de France [1] ; — l'aimable baron de Chassiron, mort avant lui, qui ne s'informait, au milieu de toutes ces querelles et discussions, que de la santé de M. Sainte-Beuve, qu'elles pouvaient compromettre ; — le général Husson, mort aussi, qui, retenu à Fontainebleau par la maladie, lui écrivait : « Ah ! si je pouvais être là, vous ne seriez pas seul ! » — M. le premier président de

---

1. Il lui dit entre autres ce mot : « Monsieur, j'avais toujours pensé que Jésus était un mythe : le livre de M. Renan m'a fait croire à son existence. »

Royer, qui accompagna le cercueil de
M. Sainte-Beuve au cimetière, — et le président du Sénat lui-même, M. Troplong, qui lui
rendait dans le particulier en bienveillance
ce que les passions déchaînées l'empêchaient
de lui témoigner à la tribune et en séance. —
Je ne parle pas (bien entendu) de ses deux
amis de tous les temps et confrères de l'Académie, M. Lebrun et M. Mérimée ; M. Sainte-
Beuve reçut encore leur dernière visite le
jeudi qui précéda sa mort. — Le prince Napoléon, qui eût peut-être préféré que M. Sainte-
Beuve entrât à *l'Opinion nationale*, resta
fidèle et persévérant dans son amitié jusqu'au
dernier mois. La dernière fois qu'il vint le voir,
c'était à la veille d'un départ pour Prangins ;
il ne voulut pas partir sans lui dire adieu.
C'était très-peu de temps avant la mort de
M. Sainte-Beuve.

Sur la fin de sa vie, ne pouvant plus se
rendre au Sénat, M. Sainte-Beuve écrivit
pour la première fois dans *le Temps* un article qui avait trait directement à la politique:

15.

ce fut sa lettre à M. Nefftzer sur le sénatus-consulte, thème du discours qu'il serait allé prononcer, si ses forces le lui avaient encore permis. Il y défendait, dans un post-scriptum significatif, le programme large et libéral que le cousin de l'Empereur venait de déployer à cette même tribune du Sénat. C'est ainsi que ce journal d'opposition et réputé hostile, qui donnait à la fois asile à un républicain pros-crit et à un sénateur de la gauche de l'Empire [1], entend et pratique le vrai principe de la liberté de la presse, quand les voix s'é-

1. Je me sers de l'expression même de M. Sainte-Beuve. Il écrivait, peu de jours après son entrée au *Temps*, à un ami bien placé pour l'entendre et le comprendre :

« (Ce 6 janvier 1869)... J'ai des opinions, des convictions, et sur quelques points, elles sont vives et profondes. Je suis pour la gauche de l'Empire, et je suis presque seul. C'est à tel point que l'article où je défendais une mesure d'un ministre de l'Empereur et où je la défendais à ma manière et par mes raisons, n'a pu être inséré que dans un journal d'opposition, mais en même temps d'une extrême liberté philosophique. Qu'on me laisse faire ! Là où je serai, je puis rendre un jour ou l'autre des services que je ne rendrais pas en me gênant et en me rangeant à la suite des satisfaits ou des complaisants... »

lèvent d'en haut, — non plus des régions officielles, mais des sommités du talent et de la pensée. — M'est-il permis de parler ainsi de mon maître, et M. Sainte-Beuve eût-il trouvé la même tolérance s'il se fût agi de discuter un acte du Pouvoir dans la feuille même officielle, dans le nouveau journal qui a eu le bon goût, au lendemain de sa mort, de justifier sa répugnance à s'y laisser enrôler ? — Il s'était pourtant expliqué et prononcé dès longtemps sur son refus d'y entrer ; il n'avait pas même attendu qu'on lui en fît la proposition, car il écrivait dès le 28 juin 1868 à Mme la princesse Mathilde :

«... On est en train de faire pour le *Moniteur* une grosse sottise, et on la fera. X... intrigue pour avoir l'affaire ; je n'en ferai mon compliment à personne. M. Rouher, bouffi, est inabordable ; et puis *qu'est-ce que ça lui fait,* ainsi

qu'à La Valette? C'est ainsi que tout che
d'État qui n'est pas méfiant, vigilant,
toujours sur le dos des gens, est servi !
il ignore ou sait mal. En donnant à
tous la liberté de la presse, le gouvernement s'arrangera pour perdre le seul
organe considérable qu'il ait et où il
réunit sous le drapeau des noms honorables et des plumes estimées. Pour
moi, je ne resterai jamais au *Moniteur*
de... censuré par M. Norbert-Billiart.
O Sire ! que de sottises on commet en
votre nom ! »

Et le 29 août :

« Dalloz, en effet, me paraît avoir

perdu la partie. On va faire plaisir à...,
à M... — ..., et à M. de... — ..., et à
quelques autres subalternes qui y trouveront leur compte : je serais étonné
que le gouvernement n'y perdît pas...
Pour moi je sais bien une chose : c'est
que, mieux au fait que la plupart, de
ces questions de presse et de *Moniteur*
dès l'origine, personne n'a jamais daigné me demander un avis que j'eusse
donné en homme honnête et de bon
sens. Je me considérerai donc comme
parfaitement délié envers la nouvelle
administration ; je ne déserterai personne, mais j'irai où il me plaira : c'est
bien le moins. Ce qu'on aura entre-

pris sans nous, on le continuera sans
nous... »

Le 28 octobre 1868, M. Sainte-Beuve écrivait à M. Rouher lui-même, qui lui avait fait
l'honneur de faire faire deux démarches auprès
de lui pour l'engager à entrer au futur journal
officiel, dont on n'avait pas encore le titre (on
croyait pouvoir garder celui de *Moniteur*) :

« Monsieur et cher ministre,

» Je voudrais que vous fussiez tout
d'abord bien persuadé qu'il n'y a de
ma part aucune question d'amour-
propre en tout ceci. J'ai fort regretté,
je vous l'avoue, de n'avoir pas été à
même de dire mon avis — un avis tout
pratique — sur le *Moniteur* avant les

derniers arrangements. J'ai vu tout ce qui s'y est passé depuis 1852 jusqu'en 1860. C'était une époque difficile, et une bonne information n'eût pas été, je crois, inutile. Une personne qui eût pu être consultée encore plus utilement que moi est M. Pelletier qui, sous M. Fould, avait réellement dirigé, et d'une manière d'autant plus sage que, pour nous littérateurs, elle était comme insensible. Aujourd'hui les choses sont faites. Je me suis lié, il y a deux ans, par un traité très-avantageux pour moi, avec M. Dalloz. Je sais ce qu'on peut dire juridiquement sur ce traité ; mais à mes yeux il compte ;

le traité, à son moment, a été un excellent procédé à mon égard, et il faudrait des circonstances extrêmes pour
dégager ma délicatesse. Je ne me considère réellement pas comme libre.
J'ai dit tout cela à M. Norbert-Billiart
dans l'entretien que j'ai eu l'honneur
d'avoir avec lui. Il me serait fort pénible de manquer en quoi que ce soit à
ce que je sens devoir au gouvernement
de l'Empereur. Aussi l'état de ma santé étant ce qu'il est, il ne me sera pas
difficile, si l'ancien *Moniteur* suivait
une ligne qui fût par trop en contra-
diction avec ma pensée, de m'abstenir
et de rester dans ma chambre. J'ai bien

du regret de ne pouvoir supporter à aucun degré la voiture : sans quoi j'irais pour avoir l'honneur de vous remercier, et pour vous exposer de vive voix d'une manière plus complète mes raisons et mes excuses.

» Veuillez agréer, Monsieur le ministre, l'hommage de mon respectueux dévouement,

SAINTE-BEUVE[1]. »

Aux approches du 1er janvier, M. Sainte-

---

1. Je trouve encore dans le dossier de M. Sainte-Beuve un fragment de lettre à M. de Chantelauze :
« (Ce 9 novembre 1868.) Je ne resterai pourtant point au nouveau *Moniteur* gouvernemental. Je suis un peu mauvaise tête même avec mes amis... »

Beuve, qui n'attendait que le signal donné par
M. Dalloz, improvisa au pied levé et sur sa
demande un article sur un livre qu'il parcou-
rait depuis deux jours, et où il avait vu
l'élément d'un article « d'entrée et de début,
disait-il ; il faut être vif et court ; ce sera pour
commencer, si Dalloz veut... » Il ne doutait
point que M. Dalloz ne voulût. Il lui envoya
l'article qu'on a lu depuis sur l'*Enseignement
des jeunes filles à la Sorbonne* et les *Leçons
de Poésie* de M. Paul Albert. Il se produisit
alors une difficulté que M. Sainte-Beuve
n'avait point prévue, M. Dalloz non plus
peut-être. Cet article courtois de forme (c'est
le moins qu'on en puisse dire) eut le mal-
heur de déplaire auprès de M. Dalloz, qui
n'était pas seul à la direction du *Moniteur :*
on demanda des coupures à M. Sainte-Beuve,
à cause d'une critique de goût et toute littéraire qu'il contenait à l'adresse de M. l'évêque
de Montpellier. M. Sainte-Beuve ne crut pas
pouvoir faire cette concession : « Je ne veux
blesser la conscience de personne, dit-il ; je

l'ai toujours évité ; mais ici ce n'est pas même l'épiderme d'un catholique que j'ai atteint ; ce serait la premiere fois depuis quarante ans que je ferais une concession de ce genre. » Et il écrivit à M. Dalloz, qui n'était pas tout à fait le maître et qui essayait de le retenir :

« (Ce 30 décembre 1868.) Cher ami, je réfléchis encore, vous parti : quel que soit l'avis du conseil, la situation est fausse et resterait fausse. Ainsi *décidément* je me retire. Au diable les fanatiques !...

» Tout à vous,

» SAINTE-BEUVE. »

Et le lendemain (31 décembre), il expliquait

plus au long les motifs de sa retraite, dans une nouvelle lettre à M. Dalloz :

« (Ce 31 décembre 1868.) Mon cher ami, j'apprends le conflit : il était imprévu pour moi ; j'ai cru que le *Moniteur universel*, non *officiel*, allait être plus libre et plus vif ; — qu'en reprenant son titre de *Gazette nationale de* 89, et la tradition des Encyclopédistes, il ne subirait aucun joug. Je me suis trompé. Je ne veux pas vous susciter d'ennui. Je retire l'article, je me retire en même temps. Je me réserve d'expliquer au public ce qui m'importe, comment et pourquoi, ayant refusé d'être du nouveau

Moniteur officiel, je me retire forcément dès le premier jour du nouveau
Moniteur universel.

» Rien de cela n'affecte notre bonne
amitié.

> Tout à vous,

> SAINTE-BEUVE. »

Et M. Sainte-Beuve reprit son article et l'envoya au *Temps ;* ou plutôt il fit prier M. Nefftzer de passer chez lui (car il ne pouvait
aller lui-même) pour en entendre la lecture.
Ce fut un ami, l'éditeur M. Charpentier, présent et témoin, dans le cabinet de M. Sainte-
Beuve, de tous ces tiraillements et conflits qui
suspendaient la publication d'un article déjà
imprimé et corrigé, tout prêt à paraître, qui
voulut bien se charger d'avertir M. Nefftzer.
M. Sainte-Beuve ne changea rien à son ar

ticle. Ce fut l'épreuve même du *Moniteur* **qui**
servit de *copie* aux compositeurs du *Temps*. Il
parut tel quel.

C'est alors qu'éclatèrent de grandes colères
auxquelles je ne ferai plus allusion. M. Sainte-
Beuve prépara et garda la note suivante en
portefeuille. Elle fait aujourd'hui partie de ce
que j'appelle ses Mémoires, et je considère
comme un devoir de la reproduire ici : il a
été trop attaqué dans le moment même pour
n'avoir pas un jour le droit de répondre et de
se défendre à haute et intelligible voix, fût-ce
après sa mort :

« Depuis quelques jours, des démarches pressantes ont été faites auprès de M. Sainte-Beuve pour mettre
obstacle à l'engagement qu'il vient de
prendre d'envoyer des articles de littérature au journal *le Temps*.

» Ces démarches sont venues à la suite de conversations avec M. le ministre d'État et sous son inspiration, sous son impulsion plus ou moins directe. Le ministre, paraît-il, est vivement irrité.

» Mais d'abord ce ne pourrait être comme ministre que M. Rouher interviendrait en pareille matière. Un sénateur non fonctionnaire ne relève d'aucun ministre et n'a à recevoir ni ordre, ni injonction, ni leçon de sa part. Le Sénat n'est pas apparemment, comme l'ordre des avocats, soumis à un conseil de discipline, et nul n'a droit de demander compte à un sénateur de ses actions, — surtout d'actions aussi étrangères à la politique active. Ce ne pourrait être qu'à titre officieux et aussi comme directeur suprême d'un journal officiel que M. Rouher serait admis à introduire des instances, des représentations ou récriminations auprès d'un ancien rédacteur du *Moniteur*.

» Mais M. Sainte-Beuve ne s'est détaché de la feuille officielle qu'après avoir vu de près et su d'original toutes les fautes, les légèretés et les inexpériences qui ont présidé à la dislocation de l'ancien *Moniteur* et à l'enfantement du nouveau *Journal officiel*. La vérité est que, dans aucun état de cause, il ne consentirait à rentrer à ce journal tel qu'il est constitué. Ainsi, dans ces termes, tout est dit entre M. le ministre d'État et lui. M. Sainte-Beuve a déjà remercié et il remercie encore ; le traité avec M. Dalloz, qui était sa première raison de refus, n'a été qu'une des mille et une raisons qu'il garde par devers lui et qu'il lui a paru plus poli de ne pas dire.

» Mais on insiste, on allègue qu'il est étonnant qu'un sénateur envoie des articles, même purement littéraires, à un journal de l'opposition, et particulièrement au *Temps*.

» Là-dessus, M. Sainte-Beuve n'a à donner aucune explication, si ce n'est qu'on lise et qu'on juge ses articles en eux-mêmes. Quant au voisinage, il en est seul juge.

» Les affaires de la presse et celles de l'esprit ont été tellement conduites dans ces dernières années, que lorsqu'un écrivain dévoué à l'Empire veut insérer désormais quelque part un assez long travail littéraire, il ne trouve d'autre Revue que des Revues d'opposition. Personne n'a eu à demander compte à M. Sainte-Beuve des articles qu'il a fait récemment insérer dans la *Revue des Deux-Mondes* : il en sera de même de ses articles au *Temps*.

» On insiste encore, et l'on dit que si c'était du moins dans tout autre journal que *le Temps*, soit *les Débats*, soit *l'Opinion nationale*, soit *la Liberté*, etc., etc., cela pourrait passer, mais que *le Temps* est d'une nuance plus tranchée et plus décidée ; que sais-je encore ?

» M. Sainte-Beuve n'a pas à se prononcer, article par article, sur les doctrines professées par *le Temps*, et il n'a eu à les considérer que dans leur ensemble ; mais il sait que ce journal, dont il a pour amis les principaux rédacteurs, est un journal généralement

estimé et *très-estimé*. Si M. le ministre d'État prétend le contraire, il en
est bien libre ; mais en cela il se
trompe et il pense au rebours de l'opinion publique. En tout cas, ici comme
en beaucoup d'autres choses, il a son
avis, et M. Sainte-Beuve le sien. Ce
qui est certain, c'est qu'il a été permis à M. Sainte-Beuve, dès le premier
jour, de défendre sur ce terrain comme
il l'entendait une mesure d'un ministre de l'Empereur en toute liberté et
vivacité, ce qui ne lui aurait guère été
possible ailleurs dans les mêmes termes.

> En un mot, M Sainte-Beuve a

besoin, pour écrire sur certains sujets, d'une entière liberté philosophique : i est sûr de la trouver au *Temps*.

» Il ne ressort de tout ce bruit qu'on a fait et qu'on fera de cette petite affaire qu'un seul point bien évident et qui a déjà été relevé par la presse de Paris et des départements : M. Sainte-Beuve quitte *l'officialité*. Rien de plus, rien de moins.

» S'il est en effet *singulier* qu'un sénateur, resté écrivain, croie ne pouvoir mieux placer des articles littéraires que dans un journal d'opposition, cela n'est arrivé qu'à la suite de beaucoup d'autres faits également *singu-*

16.

liers que M. le ministre d'État doit connaître mieux que personne. Il serait trop pénible d'être amené à devoir les énumérer et en informer le public, et de se voir forcé, pour sa défense morale, de prendre à témoin l'opinion, seul juge cependant et bon juge en dernier ressort de ce qui constitue la ligne de conduite d'un véritable *homme de lettres*, fût-il sénateur.

» M. le ministre d'État, malgré sa supériorité de talent et d'intelligence, n'est pas obligé, s'étant occupé toute sa vie d'autre chose, de savoir quel est le caractère et, pour tout dire, le tempérament d'un véritable homme de lettres. Mais aussi ne devrait-il pas avoir à s'en mêler et à en connaître. Évidemment l'irritation de ce ministre au sujet de M. Sainte-Beuve se complique du dépit d'un directeur de journal désappointé ; mais pourquoi aussi un ministre d'État se fait-il entrepreneur direct de journal ? Ç'a été là une grosse faute politique. »

Pourquoi aussi, dirons-nous pour finir, M. Sainte-Beuve, dont les dispositions testamentaires interdisaient après lui tout discours sur sa tombe, n'a-t-il pu se défendre également de celui que M. Rouher se crut obligé de prononcer à son sujet, en sa qualité de président du Sénat, à l'ouverture de la Chambre (le 3 décembre 1869) ? M. Sainte-Beuve l'aurait certes dégagé de la politesse, lui qui a voulu mourir sans emphase et en toute simplicité. Mais la presse a déjà répondu pour nous, et encore une fois elle a pris le parti du confrère éminent et du penseur, mort fidèle à ses convictions, contre l'homme d'État à qui il faudra des funérailles pompeuses. Il les a déjà trouvées dans celles de l'Empire.

SOUVENIRS

ET INDISCRÉTIONS

SUR M. MÉRIMÉE

M. Mérimée, qui n'a jamais cherché à déguiser ses relations avec la famille impériale, — elles étaient affichées en plein soleil, — et à qui l'on ferait en vain aujourd'hui un crime ou un scandale de certaine *nouvelle* récemment exhumée (il faut bien prendre les hommes comme ils sont, surtout quand de grandes et sérieuses qualités rachètent leurs faiblesses),

M. Mérimée a raconté lui-même, un soir, en
petit comité, qu'il avait écrit une « petite
chose » très-*drôle* pour l'impératrice, et qu'il
la lui avait même léguée par testament. Cette
« petite chose, » la reine d'Espagne, dans un
séjour à Biaritz, eut un jour envie de la connaître, et la fit demander, dans ces termes
mêmes, à M. Mérimée, par un de ses aides
de camp, qui vint l'accoster à la promenade :
« Monsieur Mérimée, la reine m'a chargé de
vous demander la petite chose que vous avez
écrite pour l'impératrice. » — « Veuillez dire
à la reine, répondit le spirituel académicien,
que ma petite chose appartient à l'impératrice,
et que je ne la lui prêterai que si ma souve-
raine me le permet[1]. »

Un détail biographique qu'on oublie généralement aujourd'hui sur M. Mérimée, c'est

1. Cette curiosité, intitulée *la Chambre bleue*, je
crois, devait revenir tôt ou tard à la littérature, comme
tout ce qui échappe à la plume d'un écrivain de bonne
trempe. Mais il serait puéril d'essayer de défendre
M. Mérimée, en prétendant, comme on l'a fait, qu'elle
n'est pas de lui. Il n'en reniait pas la paternité, comme
on vient de le voir.

qu'il n'était pas *chrétien :* il ne fut jamais
baptisé, et les dames du monde, indulgentes
d'ailleurs pour ses autres péchés, y perdirent
leur peine, quand elles voulurent le convertir.
Il promettait toujours galamment, mais ne
tint jamais. Il ne croyait littérairement qu'au
diable, parce qu'il en avait besoin pour son
art. Il détestait les vers et affectait, en prose
comme l'a dit M. Paul de Saint-Victor[1], une
sobriété qui atteignit, il est vrai, dans ses
derniers écrits, jusqu'à la sécheresse. Mais
pour qui a pu le connaître d'un peu près,
passant sur ses travers romantiques et autres,
son affectation de cruauté, d'impiété si l'on
veut, etc., la grande qualité dont témoigna
toujours M. Sainte-Beuve à son égard, c'est
qu'il était un *ami sûr*[2]. Son amitié avait d'autant

1. M. Paul de Saint-Victor a écrit, dans *Barbares
et Bandits,* un très-remarquable Portrait, quoique un
peu sévère, de M. Mérimée.
2. En retour, voici l'impression que produisit sur
M. Mérimée la nouvelle de la mort de M. Sainte-
Beuve :
« Cette mort de Sainte-Beuve m'a mis du noir dans

plus de prix qu'il ne la prodiguait pas, et qu'il portait, dans le premier abord, une raideur native et d'apparence glaciale.

l'âme. Nous avions fait nos premières armes ensemble dans le camp des romantiques ; nous avons été ensemble candidats à l'Académie, et nommés le même jour. La dernière fois que je l'ai vu, il me dit, lorsque j'étais déjà sur le pas de sa porte : « Je n'ose espérer, mais je voudrais que nous puissions dîner encore ensemble. » Cela ressemble fort à l'invitation de Léonidas à ses Spartiates, de souper chez Pluton... » (Lettre à M. Charles-Edmond, Cannes, 17 octobre 1869.) Et à moi-même il m'écrivait le même jour :

« Cannes, 17 octobre 1869

» Cher Monsieur,

» Quelques heures avant de quitter Paris, M. Giraud (*M. Charles Giraud, de l'Institut*), qui sortait de chez vous, m'a appris la triste nouvelle. Mon voyage avait été retardé et je ne suis parti que mercredi soir. En arrivant ici, j'ai trouvé votre télégramme. Je vous remercie d'avoir pensé à moi dans ces tristes moments. Vous saviez combien je serais touché de cette mort. Il y a bien longtemps que nous nous connaissions. Nous avons commencé à écrire presque en même temps. Nous avions fait ensemble nos visites académiques ; nous avons été élus le même jour, et c'est chez Sainte-Beuve que j'attendais mon sort le jour de l'élection. Il me restait bien peu d'espoir la dernière fois que je l'ai vu ; j'étais loin de m'attendre

En littérature, M. Mérimée a été ce qu'on appelle un *tempérament* : dans la vie privée, un honnête homme qui ne manqua jamais à ses principes, à ses devoirs et à ses convictions. Lors de l'élection de M. de Champagny à l'Académie française, l'empereur Napoléon III avait paru s'intéresser à la nomination de ce candidat, ce qui jeta la division au sein du parti impérialiste, déjà en minorité à l'Académie. MM. Sainte-Beuve et Mérimée votèrent contre M. de Champagny pour M. Duvergier de Hauranne. M. Mérimée avait déjeuné le matin même avec l'empereur, qui lui avait dit à table : « Eh bien ! monsieur Mérimée, vous allez voter pour M. de Champagny aujourd'hui ? » — « Non, sire, je ne puis pas voter pour un clérical. » Le piquant, c'est que Napoléon III, dont quelques acadé-

cependant à une fin si rapide. On me dit qu'il vous a laissé le soin de conserver et de publier ses manuscrits ; et je suis heureux de les savoir en si bonnes mains.

» Adieu, cher Monsieur, veuillez croire à tous mes sentiments bien dévoués,

» P. MÉRIMÉE. »

17

miciens, amis de la maison, avaient pris le
désir ou la velléité pour un ordre, parut aussi
indifférent à cette réponse que s'il ne l'avait
pas provoquée.

Je tiens ce lambeau de conversation de
M. Mérimée lui-même, qui me l'a racontée
dans une visite qu'il fit quelques jours après,
sans le rencontrer, à M. Sainte-Beuve.

II

ÉLECTION ACADÉMIQUE
DE M. AUGUSTE BARBIER

M. Mérimée aurait désiré voir arriver à
l'Académie M. Théophile Gautier. J'en ai le
témoignage dans une dernière lettre que je
reçus de lui de Cannes au mois de mars 1870,
et dans laquelle il me parlait du successeur
probable de M. Sainte-Beuve :

« Théophile Gautier a-t-il quelque chance? me disait-il. J'aurais aimé qu'il fît l'Éloge de Sainte-Beuve : il y aurait mis du cœur. On me dit que Jules Janin a des chances¹. »

Il n'avait pas dépendu de MM. Sainte-Beuve et Mérimée, en 1869, le jour même de l'élection de M. de Champagny à l'Académie française (29 avril), que M. Théophile Gautier ne fût nommé. Ils firent l'un et l'autre tout leur possible pour son succès. Mais les autres amis de M. Gautier trompèrent leur attente. Ils ne surent pas profiter, pour faire arriver

1. Dans la même lettre, il me disait encore :
« Si quelque clérical vient jeter une pierre sur la tombe de Sainte-Beuve, ne feriez-vous pas bien d'écrire un petit livre sur notre ami que vous avez mieux connu que personne? »
C'est le conseil que je me suis efforcé de suivre. Mais le but que me proposait là M. Mérimée ne sera pleinement rempli que le jour où la Correspondance de M. Sainte-Beuve aura été publiée.

leur candidat, de la situation magnifique que présentait ce jour-là au parti impérialiste, d'ordinaire toujours vaincu à l'Académie, la séparation qui s'était faite dans le camp même de l'opposition. Mais il est bon, pour l'intelligence du récit, de bien tirer au clair les diverses combinaisons qui se formèrent et de présenter un tableau net de la situation des partis et des rapprochements imprévus nécessités par les circonstances.

L'Académie avait trois élections à faire : celle de M. d'Haussonville passa la première, et presque sans conteste. C'était une élection toute politique, et un triomphe pour le parti orléaniste. Il était impossible au parti contraire d'y faire contre-poids. Il n'avait rien à y opposer. Neuf voix cependant, (et je crois en avoir deviné une), ne voulant pas s'abstenir, se portèrent sur M. Marmier, pour qui ce coup d'essai devint un coup de maître. C'étaient des espérances pour l'avenir, qui se sont réalisées depuis.

Mais la bataille ne devint réellement sérieuse qu'à l'élection suivante, quand MM. de Champagny et Duvergier de Hauranne se trouvèrent en présence. — De cette seconde élection de la journée devait dépendre le succès de la troisième, celle de MM. Auguste Barbier ou Théophile Gautier, dont les noms allaient être ballottés à leur tour, servant de drapeau à des partis, — à des coteries politiques et religieuses.

M. de Champagny, candidat présumé de l'empereur, était surtout et avant tout, à l'Académie, le candidat de la fraction cléricale ou catholique : il avait pour principaux patrons MM. de Montalembert et Guizot, qui patronnaient également la candidature de M. Auguste Barbier. Les vers bien connus des *Iambes*,

Je n'ai jamais chargé qu'un être de ma haine...
Sois maudit, ô Napoléon!

avaient suscité au dernier moment cette candidature imprévue pour faire obstacle à celle

de M. Théophile Gautier, bibliothécaire de
Mme la princesse Mathilde.

La candidature de M. Duvergier de Hauranne était soutenue, au contraire, par
MM. Thiers, de Rémusat, Prévost-Paradol,
Autran, Mignet... Ces messieurs, qui ne portaient pas de passion préventive contre le
talent de M. Théophile Gautier, eussent volontiers voté pour lui, et ne demandaient pas
mieux que de faire alliance en cette occasion
avec un parti politique ennemi, mais à la condition que ce parti les aurait soutenus aussi
dans leur lutte en faveur de M. Duvergier de
Hauranne. Cinq voix seulement leur man-
quaient pour leur candidat : ils les demandaient aux amis de M. Théophile Gautier, et,
en échange, ils offraient à la candidature
de ce dernier tout un gros bataillon à la res-
cousse.

Mais la combinaison ne plut pas aux amis
de M. Gautier. Ils eurent plus de confiance en
une autre, proposée par M. Guizot, qui con-
sistait à faire arriver M. Gautier en votant

pour M. de Champagny. Ils pensaient de plus, en votant ainsi, être doublement agréables à l'empereur, dont ils avaient trop vite pris quelques mots à la lettre. Ils votèrent donc contre M. Duvergier de Hauranne, espérant que M. Guizot les aiderait à soutenir la candidature de M. Théophile Gautier. Mais les amis de M. Duvergier de Hauranne, à qui ils n'avaient pas voulu prêter main-forte, reportèrent à leur tour leurs voix sur M. Auguste Barbier, dont l'élection valut en ce temps-là à l'Académie française un succès d'approbation universelle. Tout le monde avait présents à la mémoire les magnifiques vers sur la Liberté.

Le parti impérialiste s'en retourna tout déconfit. Il s'attendait si peu à un échec, il était même tellement sûr d'avance du succès, que des amis de M. Gautier, parmi ceux (bien entendu) qui ne votaient pas, voulant apprendre plus tôt la bonne nouvelle du triomphe, — qui devait en être un de plus pour l'empire, — et s'en réjouir comme en famille, étaient venus se réunir et attendre le résultat glorieux de l'élection dans un des appartements particuliers de l'Institut.

A l'issue bien prévue de la lutte, et quand le nom de M. Barbier fut proclamé, M. Sainte-Beuve s'écria, en regardant M. Legouvé, qui avait combattu la candidature de Théo : « Après tout, je m'en console, c'est toujours un poëte. » — Mais ayant rencontré, un quart d'heure après, dans la rue de Seine, MM. de La Valette et Rouher, qui revenaient sans doute du Luxembourg à cette heure-là, il dit, s'adressant directement à M. Rouher : « Voilà ce que, sur un désir de l'empereur, les amis de Gautier viennent de faire : ils ont eu plutôt confiance en M. Guizot qu'en nous ; nous votions pour M. Duvergier de Hauranne, et nous étions sûrs de faire triompher ainsi Gautier... l'empereur a voulu qu'on votât pour M. de Champagny : eh bien ! il l'a, son candidat, mais c'est celui du parti clérical, et nous avons échoué avec Gautier... » — M. Rouher se contenta de hausser dédaigneusement les épaules : « Il ne reste plus, répondit-il, à l'empereur qu'à ne pas s'occuper désormais des élections académiques : il ne recevra plus les récipiendaires... » La colère de M. Sainte-Beuve, sa vivacité étaient inexprimables. C'était dans les derniers mois de sa vie : il n'eut plus occasion de retourner depuis à l'Académie. Il n'y serait peut-être pas plus allé ce jour-là que M. Mérimée, revenu exprès de Cannes, sans les noms de MM. Duvergier de Hauranne et Gautier, qui leur tenaient également à cœur à tous deux.

III

PHILOSOPHIE ET SOCIALISME

Moins d'un mois nous séparaient en ce moment des élections pour le renouvellement du Corps législatif. M. Sainte-Beuve, qui ne

17.

prenait jamais le mot d'ordre officiel, mais
qui cherchait avant tout, dans un candidat,
celui qui se rapprochait le plus de ses principes et de ses convictions, avait déjà voté
au renouvellement précédent, en 1863, pour
M. Adolphe Guéroult, candidat de l'opposition radicale dans sa circonscription électo-
rale. Il maintint son vote aux deux tours de
scrutin, car il y a toujours ballottage, dans
ce sixième arrondissement, entre les libéraux
et les cléricaux. En 1869, un mois après
avoir voté à l'Académie pour M. Duvergier de
Hauranne, il donnait deux fois sa voix à
M. Jules Ferry, qui était le candidat préféré
du parti démocratique et de l'opposition cette
année-là. Et il ne pouvait faire autrement,
l'administration soutenant ouvertement M. Co-
chin, qui d'autre part affichait son titre de
candidat du parti clérical. Il n'y avait pas à
hésiter pour un libre penseur.

Oh! je ne viens pas donner M. Sainte-
Beuve pour un républicain : il n'avait d'ailleurs jamais lui-même arboré ce drapeau, le

comprenant peut-être, l'entrevoyant même comme inévitable dans l'avenir, mais en ayant eu, disait-il, une triste expérience de 1848 à 1851. Et quand la discussion s'allumait entre nous sur le chapitre du coup d'État et le régime du 2 décembre, il me disait toujours :

» Il nous fallait un *mur* (c'était son mot), nous ne savions où nous appuyer. La France était en proie aux royalistes, aux intrigants de toutes nuances (et il ajoutait des noms propres), aux conspirateurs de tous les régimes : l'Assemblée nationale de 1848 s'était laissé démembrer elle-même en la personne de Proudhon ; elle avait permis qu'un représentant du peuple fût décrété d'accusation, elle avait donné la première l'exemple de son peu de force et d'inviolabilité... Il n'y avait aucune sécurité pour l'avenir [1]. »

1. M. Sainte-Beuve a résumé d'ailleurs toute son opinion à ce sujet dans un passage de ses articles sur Mme Desbordes-Valmore, que je demande la permission de rappeler ici : « Mais nulle part ses paroles émues, ses chants d'oiseau plaintif et ses batte-

Je ne fais que citer et répéter ce qui m'a été dit tant de fois, et dont témoignerait au besoin un autre de ses bons amis et secrétaires, M. Auguste Lacaussade, qui le querellait en 1852 sur son bonapartisme récent. Le grand poëte polonais, Miçkiewicz, cherchait à diriger M. Lacaussade dans la même voie, par enthousiasme pour l'étoile bonapartiste renaissante et en laquelle il avait confiance. M. Lacaussade s'évertuait au contraire, en ce temps-là, à en détourner M. Sainte-Beuve qui s'en irritait et disait : « Mais comprenez-moi bien, je ne suis point *bonapartiste* : ce n'est point par fétichisme ni enthousiasme que je me range à *eux*, c'est par raison ; *il* est l'élu du suffrage universel, et nous avons besoin d'un gouvernement fort et stable ! » — Je ne cherche point à faire ici une apologie, je ne soutiens point

ments d'ailes ne se portèrent plus souvent ni plus ardemment qu'aux grilles du château de Doullens, où cette singulière République de 1848, qui trouva moyen de canonner, d'emprisonner ou de déporter tous les vrais républicains, ne laissant guère à sa tête que des royalistes, avait renfermé l'opiniâtre et indomptable citoyen Raspail. » (*Nouveaux Lundis*, tom. XII, p. 200.)

non plus une thèse, je ne cherche qu'à m'expliquer (car le problème s'est très-souvent agité dans mon esprit) les opinions et les sentiments d'un homme dont la probité, le caractère et le talent sont hors de doute, mais qui a pu se faire des illusions. On ne saurait dans tous les cas lui reprocher aucune bassesse : il a eu des complaisances peut-être, des complaisances de plume; on peut n'être pas de son avis, mais il n'a point (selon une expression commune) *prostitué* son talent. Je renverrais, s'il est permis de faire mention de soi, à un autre chapitre de *Souvenirs*, celui que j'ai écrit en tête d'un *Début d'article sur l'histoire de César,* dans le tome XIII des *Nouveaux Lundis.* Je ne saurais assez, pour moi, rendre hommage à son esprit de tolérance et à son amour de la discussion, qui orçait en quelque sorte à lui donner la réplique. Accoucheur des esprits, il ne dédaignait pas les opinions des plus humbles, il savait au moins les écouter toutes, ce qui attirait tout de suite la confiance. Il n'a jamais coupé court brutalement ou dédaigneusement à une idée, à une opinion émise. Il suffisait pour lui d'en avoir une pour être entendu et discuté, s'il y avait lieu. Devenu partisan, par la force des choses, d'un régime absolu en politique, il était, dans l'habitude de la vie, le plus *libéral* des hommes... et des hommes de lettres. Je n'en voudrais pour preuve que son article sur ses *Secrétaires* : il n'était pas plus obligé de l'écrire que M. Cousin ou M. Villemain.

Des amis, étonnés parfois de ses propos, ont pu dire de lui qu'il avait l'esprit paradoxal et ouvert à l'utopie. Ils connaissaient peu cette largeur d'intellect, et combien il se définissait mieux lui-même quand il disait « Il faut avoir des yeux derrière la tête ! » Par un geste instinctif, il promenait son doigt, en parlant ainsi, autour de son front. Dans ce cerveau si admirablement organisé, il y avait place pour bien des pensées, mais aucune confusion n'y régnait, elles ne se brouillaient point.

Ennemi de tout fanatisme, il basait ses opinions sur des faits certains et sur la raison pure, n'admettant jamais qu'une conviction sûre pût se former, en quoi que ce soit, d'après une idée en l'air. Il portait l'examen et la raison en tout. Il croyait le siècle trop avancé dans la démocratie pour qu'il fût possible de le faire rétrograder de cette voie, mais il ne se faisait pas plus d'illusion sur ce point que sur tout autre chose. Cela était, mais cela aurait pu ne pas être. Là non plus il n'admettait pas le système du fatalisme. Aimant à se poser de grandes questions historiques, il me disait quelquefois : « L'Islamisme aurait pu prévaloir en Europe comme il a triomphé en Espagne pendant tant de siècles, et alors notre civilisation aurait pris un tout autre cours... Les arts, les lettres, les sciences n'auraient ressemblé en rien à ce que le christianisme les a faits, sans en être pour cela moins grands et moins florissants... » — A quoi tiennent les accidents sublunaires ? — Il me dit un jour, répondant à je ne sais quelle

stupidité, apprise au collége, qui m'avait
échappé : « Mais, mon ami, il doit y avoir des
lions de génie... »

Cette idée d'égalité appliquée à tous les
mammifères d'un ordre supérieur se miti-
geait d'indulgence à l'égard de certains êtres
faibles de la création, mais il la pratiquait pleinement quand il s'agissait de soulager ses
semblables. Il faisait remonter au hasard
toutes les différences de rang ou de fortune,
n'admettant d'autre supériorité que celle du
génie.

Dieu me garde en tout ceci de lui prêter
quelque chose de ce qu'on pourrait supposer
n'être que mes propres opinions. D'où me
viendraient-elles, d'ailleurs, à cette hauteur
de vue, sinon de lui? Ce n'est ici qu'un pâle
reflet de ses entretiens continuels.

Il aimait le peuple de Paris, et on ne l'eût
pas décidé facilement à habiter la campagne.
D'un tempérament bien voltairien sous ce
rapport et bien qu'il eût une grande prédilection pour Jean-Jacques, à l'égard duquel il

trouvait la postérité oublieuse et injuste, il ne s'éloignait pas volontiers, même pour quelques heures, de cette « ville de lumière, d'élégance et de facilité, » à laquelle il a rendu l'hommage charmant que je rappelle ici et qu'on peut lire dans le tome III des *Nouveaux Lundis* (page 51). C'est la plus belle page à invoquer pour la défense de Paris et à opposer à ses détracteurs. On peut la rapprocher de certains vers de Voltaire sur le même sujet, que M. Sainte-Beuve aimait à nous relire tout haut quelquefois le soir après dîner.

Et quand sa petite maison de la rue Montparnasse avait été toute une journée hantée par les beaux esprits de Paris, d'Europe et d'Amérique, — les Tourgueneff, les Longfellow, — qu'elle était devenue, pendant une après-midi, un centre, un but de pèlerinage pour les illustrations sédentaires ou de passage, il se hâtait d'aller seul le soir se retremper par une promenade à pied dans son faubourg. Il y allait même et surtout quand il avait dîné dans le monde, dans un salon d'Altesse. Il n'y avait plus de cravate blanche à son cou. Sans insigne à la boutonnière, qu'il ne mettait jamais d'ailleurs que pour quelque occasion solennelle, sa canne ou un parapluie à la main, selon le temps, on le voyait cheminant lentement, réfléchissant à son prochain article, s'arrêtant quelquefois sous la clarté d'un réverbère pour prendre une note. Et il en revenait chargé d'impressions et de pensées.

Le peuple du quartier qui le connaissait lui adressait souvent ses doléances au passage. Il était le confident de bien des misères, de bien des vexations arbitraires, de bien des abus. Il s'attachait à soulager les unes de son mieux, à faire cesser les autres, à réprimer les injustices. Il en appelait à des fonctionnaires haut placés; que de pétitions n'a-t-il pas rédigées lui-même et apostillées! Sa signature, généralement en faveur et bien accueillie, contribua à l'allégement de plus d'une douleur. Mais il croyait que c'était peu que la charité publique ou privée, et que des institutions, des réformes sociales, qui laisseraient moins au hasard le soin de soulager les infortunes souvent inconnues et qui restent dans l'ombre, contribueraient plus efficacement au bien public, et tout d'abord, en faisant à chacun sa part dans l'intérêt général, elles seraient un abri sûr, une caisse de prévoyance contre les révolutions prochaines, dont il avait le pressentiment.

M. Sainte-Beuve posait le problème sans se charger de le résoudre, et il croyait qu'il était du souci d'un gouvernement fort d'attacher la plus grande importance à cette question. Il avait espéré davantage des idées napoléoniennes, et ç'avait été là son erreur, dont il ne se cachait point.

Il avait un idéal en histoire, et il le citait souvent, celui de l'empereur Joseph II, mettant la gloire de son règne à s'occuper des classes pauvres et souffrantes, de ce que Victor Hugo a appelé, dans son beau roman, les Misérables.

« Si ces gens-là connaissaient leur force,

disait-il, ils renverseraient la marmite, et nous
nous trouverions tous dessous ; et ils fonde-
raient une nouvelle société sur nos têtes. » —
Certes, on ne niera pas aujourd'hui que la
prédiction n'ait été bien près de se réaliser.

Encore une fois je ne suis en tout ceci
qu'un narrateur qui subordonne son jugement
aux faits ou aux idées dont il est l'interprète.
La grande génération de 1830 a poussé ses
racines dans tous les sens, et on n'en avait
pas été impunément sans se ressentir toute sa
vie de certains principes trop réprouvés à
l'heure actuelle, et que rien ne remplace.
M. Sainte-Beuve avait de plus cet immense
avantage d'avoir fait son apprentissage d'é-
crivain et de penseur à l'école libérale et ra-
tionnelle du *Globe*. J'ai donné plus haut sa
lettre à M. Troplong, dans *le Dîner du Vendredi-Saint :* on ne saurait prendre plus fer-
mement en main la défense de la liberté de la
presse et de la liberté de pensée.

L'élection académique de M. Auguste Barbier nous a poussé un peu loin ; elle nous a précipité en plein dans la politique. C'est un phénomène assez commun à l'Académie et qu'on ne peut éviter. L'Académie ramène à la politique ; en revanche, la politique mène tous les jours à l'Académie.

Nous allons retrouver dans le chapitre suivant M. Sainte-Beuve entouré des plus aimés de ses confrères.

IV

UN RENDEZ-VOUS D'ACADÉMICIENS

La dernière fois que M. Mérimée vint voir M. Sainte-Beuve, c'était sur la fin de l'été, un jeudi, après la séance de l'Académie, qui se tient, comme on sait, ce jour-là. M. Mérimée, à la veille de retourner à Cannes, ne voulait pas partir sans voir son ami, qu'il savait très-malade. Il le trouva au lit. Un instant après, M. Lebrun arriva, puis M. Camille Doucet. C'était un rendez-vous d'académiciens. Dans la conversation, M. Sainte-Beuve, très-souffrant, et qui se faisait moins d'illusion sur son état qu'il n'en avait l'air, dit en souriant à M. Lebrun : « Écoutez, Lebrun, je n'ai jamais osé vous inviter à dîner, parce que vous êtes un homme *respectable ;* mais si j'en relève, je viens de recevoir un panier de vins fins... » — « Oui, dit M. Lebrun, je l'ai vu en entrant... » — « Eh bien ! promettez-moi de venir dîner un soir avec nous... » Il est bon de définir ce mot de *respectable*, auquel M. Sainte-Beuve attachait un sens particulier, mais que ne méritaient pas moins les deux autres amis présents, pour avoir quelquefois dîné chez lui. Dans sa bouche, s'adressant à M. Lebrun, — et la personne de M. Lebrun, son grand âge étant bien connus,—voici ce que cela voulait dire : M. Sainte-Beuve, vivant, de son propre aveu, en artiste et, comme il se plaisait à le répéter, un peu en *bohème*, vivant en un mot au grand air et librement, sans hypocrisie, mais ayant toujours eu soin d'éviter, de prévenir jusqu'à l'ombre du scandale, avertissait amicalement son confrère de ne pas trop s'étonner de rencontrer chez lui une *famille improvisée*, et de vouloir bien se considérer à l'avance comme chez un ami du quartier latin. M. Lebrun, galant homme et très-respectable, en effet, mais ancien ami de Béranger, et qui avait connu Lisette, n'aurait eu garde de refuser.

LA MORT

DE M. SAINTE-BEUVE

Les amis qui ont visité M. Sainte-Beuve
dans les derniers mois de ce douloureux été
de 1869 ont gardé un souvenir ineffaçable de
sa physionomie souffrante et résignée, de ce
visage pâle et amaigri, creusé de ravins, de
cette douceur dans la voix, contrastant avec
sa vivacité habituelle ; il y avait comme un
rayonnement et une transfiguration dans toute
sa personne. M. Charles Edmond, l'un de ses

visiteurs assidus, en est resté vivement im-
pressionné. Pendant les fortes chaleurs du
mois d'août, on le fit monter une après-midi
dans une grande pièce du haut de la maison,
où étaient rangés les livres en rayons :
M. Sainte-Beuve, assis sur deux tabourets
rapprochés [1], écoutait une lecture de son
secrétaire. Le grand critique abattu était couvert de flanelle blanche, de la tête aux
pieds : un mouchoir blanc, sa seule et vraie
coiffure, dans l'intérieur [2], couronnait son

---

1. Seule posture dans laquelle il sentait moins l'ai-
guillon du mal, de ce qu'il comparait à des œufs de
pigeon et qui étaient bien réellement des *pierres*,
dont l'une est grosse comme un œuf de poule.

2. En dépit de la petite calotte de velours noir, dont
on a tant parlé et dont il ne se couvrait jamais quand
il travaillait, ou qu'il voulait être à son aise chez lui.
Il s'enroulait plus volontiers, je viens de le dire, un
mouchoir autour du front. Cette calotte, dont il demandait la permission de se couvrir quand il allai
dans le monde, n'avait d'autre but que de le proté-
ger contre les rhumes, car M. Sainte-Beuve avait le
haut de la tête, le crâne très-chauve. Il ne lui était
resté de la riche chevelure de vingt ans, dont témoigne
le médaillon de David, qu'une couronne de cheveux
fins et roux. Hélas! nous les avons vus blanchir. Un
jour, il lui arriva d'oublier sa calotte à la tribune du
Sénat. Les sténographes du *Journal officiel* ont né-

front. Il parla avec M. Charles Edmond de la
dernière nouvelle de Mérimée, *Lokis,* publiée par la *Revue des Deux Mondes,* et qu'il
s'était fait lire. Cette apparition blanche de
Joseph Delorme sur la fin de sa vie rappelait
involontairement et pouvait faire comprendre
à un esprit doué de poésie la célèbre pièce
des *Rayons jaunes,* un coup de lumière, un
effet dominant dans un tableau. C'est ce que
sentit M. Charles Edmond, qui emporta de
cette visite une empreinte profonde. La conversation affable et douce, l'intérêt pris encore aux choses de la vie, de la littérature et
de la politique, le visage qui avait acquis une
grande sérénité, qui empruntait à une sorte
de rayonnement, puisé dans la souffrance,
une nouvelle et haute expression de bonté, de
douceur, la grande pâleur en harmonie avec

gligé de mentionner l'incident qui s'ensuivit. Le baron
Charles Dupin, étant venu prendre la parole après lui,
s'en essuya, dans la *chaleur* du discours, comme il
aurait fait du premier mouchoir venu qui lui serait
tombé sous la main. Ce fut un succès de fou rire. Il
fallait cela pour égayer un discours de M. Dupin.

le reflet du costume, tout cet ensemble im-
pressionnant et navrant d'un grand malade
aux prises avec la douleur aiguë, et parve-
nant un moment à la surmonter, pour faire
fête et tenir tête à ses amis jusqu'à la fin avec
son esprit, inspirait un sentiment poignant
de respect et d'affection [1].

---

1. Un portrait était à faire. L'un de ces amis de la
dernière heure, M. Demarquay, alors commissaire de
police aux délégations judiciaires, retrouva ses pin-
ceaux et son talent dans ce souvenir d'une grande
amitié. Il exécuta, au moment même de la mort, un
portrait posthume, peint en déshabillé, comme il avait
toujours vu M. Sainte-Beuve, — en robe de chambre
brune, un mouchoir blanc sur la tête. — Le jury du
Salon de l'année 1870 ne crut pas pouvoir accepter ce
portrait pour des raisons de « convenances. » Un sénateur en robe de chambre! encore s'il avait été en
redingote! il y aurait eu moyen d'y mettre une ro-
sette. — Justement nous avons dit que M. Sainte-Beuve
ne portait jamais même le simple ruban. — Le jury,
d'ordinaire plus indulgent pour la peinture *officielle*,
aurait pu se souvenir de ces illustres pastels qui sont
au Louvre, et dans lesquels de grands artistes du dix-
huitième siècle se sont représentés eux-mêmes avec
d'immenses lunettes sur le nez, et de larges *abat-jour*
verts sur les yeux. Un mouchoir sur la tête coiffe
même l'un de ces peintres du plus *grand* siècle pour
l'expression de la physionomie et de l'esprit. J'attache
d'autant plus de valeur à ce portrait par M. Demarquay,
que c'est le seul, à ma connaissance, qu'on ait de

M. Paul de Saint-Victor surprit cependant M. Sainte-Beuve dans un moment de révolte contre le sort, le jour où il vint lui faire ses adieux, à la veille de son départ pour l'Égypte. Il le trouva dans un état de crise violente, mais ne se plaignant pas, s'irritant plutôt contre le mal.

Le prince Napoléon (je l'ai déjà dit), qui fut l'un de ces visiteurs et amis de la fin, emporta un triste pressentiment de sa visite, le jour où, sur le point de retourner à Prangins, il vint voir M. Sainte-Beuve pour la dernière fois. Le grand critique le reçut ce jour-là dans une pièce du fond, qu'il avait *louée à la maison voisine*, faisant suite à sa chambre à coucher, et donnant également sur le jardin. *Leur conversation ne dura guère plus d'un quart d'heure* : elle fut, malgré l'état du malade, des plus piquantes et des plus vives.

M. Sainte-Beuve en peinture. C'était un souvenir vivant jeté sur la toile, et il serait impossible à l'artiste de recueillir aujourd'hui toutes ses impresions du moment, et de le refaire, s'il ne l'avait conservé.

M. Sainte-Beuve ne pouvait plus dès lors
s'asseoir : la position sédentaire était même
devenue pour lui comme un supplice. Il était
forcé de rester debout en causant, ce qui abré-
geait de plus en plus les conversations et les
visites. On fut obligé de scier les pieds de
son lit, pour qu'il n'eût qu'à s'y laisser tomber sans effort. Un matin, il écrivit, debout,
son testament sur une cheminée.

Là veille de sa mort, son salon était rempli
d'amis, qui attendaient le résultat d'une opération faite par M. le docteur Gosselin, chi-
rurgïen de la Charité ¹. Il y avait là M. d'Alton Shée, fidèle à ses mardis, et à qui
M. Sainte-Beuve a consacré les dernières
lignes de sa main, (publiées depuis dans le
tome XIII des *Nouveaux Lundis*); M. Scherer,
M. Renan, M. Michel Lévy... A chaque minute arrivait un ami en peine : Mme la

---

1. L'opération terminée, M. Gosselin lui ayant demandé s'il lui avait fait bien mal, il répondit froide-
ment : « Je ne vis pas, j'assiste. » C'est exactement
le mot d'une lettre de Ducis à Bernardin de Saint-
Pierre.

princesse Mathilde adressait dépêches sur
dépêches pour savoir des nouvelles. Aux premiers bruits du danger, elle avait envoyé
M. Zeller, porteur d'une lettre, à laquelle le
malade dicta une réponse d'une voix faible.
Ce fut M. Zeller qui fit lui-même office de secrétaire, s'approchant le plus possible du lit
pour entendre, se servant d'un numéro de la
Revue des Deux Mondes en guise de pupitre.
Ainsi, par cet échange de lettres au dernier
moment, on peut dire que M. Sainte-Beuve
est mort réconcilié avec Mme la princesse
Mathilde [1].

J'ai déjà dit, dans ce même volume [2], les
noms des personnes qui entouraient son lit
de mort. M. Sainte-Beuve ne perdit réellement connaissance dans la matinée que sur
les dix heures. Il eut même encore la force de
répondre au docteur Gosselin qui lui deman-

1. Nous publierons un jour les lettres qu'il lui avait
écrites, et qui nous furent rendues, à sa mort, en
échange de celles de la princesse.
2. Voir la note de la page 15.

da, en entrant, sur les neuf heures et demie, s'il souffrait beaucoup : « Oh ! oui..., » mais sa voix était expirante : *vox faucibus hæsit*. Dès sept heures du matin, sans pouvoir relever la tête, il avait prononcé très-bas les noms de sa fidèle servante et de son secrétaire, et fait un mouvement de lèvres qui indiquait qu'il voulait donner un baiser à chacun. Ce fut l'adieu suprême qu'ils reçurent de ses lèvres.

Son agonie, qui avait commencé dans la nuit, une agonie du cœur, devint haletante à partir de dix heures du matin. Les amis qui l'entouraient étaient suspendus à une respiration essoufflée et saccadée, qui tantôt semblait se précipiter, tantôt s'arrêtait brusquement, puis reprenait avec un redoublement de célérité : à une heure et demie précise de l'après-midi, sonnant à la pendule de sa chambre, il rendit le dernier soupir (13 octobre 1869).

Je me suis attardé à recueillir sans ordre les souvenirs qui me reviennent en foule des derniers jours d'un grand esprit. Il a manqué, je le répète, auprès de M. Sainte-Beuve un véritable Eckermann pour les écrire. Le docteur Veyne, qui veillait auprès de lui et ne le quittait plus pendant la semaine suprême, fut l'ami dont le nom revint le plus souvent sur ses lèvres dans le délire de la nuit d'agonie. M. Sainte-Beuve a rendu hommage à cette main bienfaisante dans ses articles sur Mme Desbordes-Valmore. C'est à cette même main aujourd'hui à écrire avec l'autorité de la science ce que la chirurgie aurait pu faire, et ce qu'elle n'a pas fait, pour conserver aux Lettres son illustre ami.

LE TESTAMENT

DE M. SAINTE-BEUVE

Il devient de mode, depuis quelque temps, quand on parle de M. Sainte-Beuve, de déplorer ses derniers moments, et de les rejeter sur un certain goût de popularité, où l'auraient même entraîné quelques amis, ceux de la fin qu'on nomme tout bas. C'est étrangement rabaisser un talent et un esprit, qu'on fait profession d'admirer d'ailleurs très-haut pour les parties qu'on veut bien reconnaître exquises et délicates de sa littérature. Si vous admettez

cependant que M. Sainte-Beuve ait été un
penseur (et ce n'est pas ce qu'on nie), comment pouvez-vous faire à sa mémoire l'injure
de croire que son talent, si ferme jusqu'à la
fin, ait pu subir telle ou telle influence, qui
n'aurait eu d'ailleurs rien que de très-hono-
rable, sur quelque personnalité que vous fas-
siez planer l'anathème? Mais ce n'est là qu'une
tactique, une manière d'atteindre les vivants
derrière les morts. Vous vous plaindriez
moins, s'il eût suivi une autre voie. Seulement
elle n'eût pas été sincère de sa part ; il aurait
manqué à ses convictions, et c'est alors véritablement que le reproche d'avoir subi des
influences étrangères aux dispositions de son
esprit eût été fondé.

Mais n'allez pas chercher en dehors de
M. Sainte-Beuve ce que vous savez bien qui
n'était qu'en lui, et qu'il a rendu maintes fois
en d'admirables pages. Relisez, pour n'en citer
qu'une, sa conclusion de *Port-Royal*, sur les
illusions infinies. Vous auriez tort de prendre
ce livre pour un gage. Qui dit *historien* ne

dit pas forcément *partisan* ou *sectaire;* et *Port-Royal* n'est à proprement parler que l'étude du plus haut phénomène intellectuel qu'ait produit le Christianisme. C'est avant tout l'histoire *littéraire* du règne de Louis XIV.

Sans m'engager moi-même ni si haut ni si loin, sur un terrain et dans une discussion à coups de livres, où le plus savant vient toujours aisément à bout du plus convaincu, je me contenterai de n'invoquer que mes propres souvenirs.

Lorsque, par l'intermédiaire de M. Champfleury et de M. le docteur Veyne, qui voulurent bien s'intéresser tous les deux à la situation d'un jeune homme débarqué nouvellement de sa province, et qui n'apportait pour tout bagage qu'une bonne volonté de travailler, je devins, au mois d'octobre 1861, secrétaire de M. Sainte-Beuve, je fus bientôt le confident de ses pensées. Il me dit un matin, moins de deux mois après, ayant bien acquis la certitude, dans cet ntervalle de temps, que je ne serais point choqué de ses convictions et que je les partageais, sauf la science et le raisonnement qu'il apportait en tout, et que je ne pouvais avoir comme lui : « Mon ami, je crains d'être sujet aux coups de sang ; si je venais à mourir subitement, veillez à mes funérailles : je veux être enterré sans prêtres, et que mon corps soit porté directement de ma maison au cimetière. »

C'était donc là sa volonté formelle en tout temps, et il me montra le passage de son testament où elle était bien nettement exprimée.

Il n'était pas encore sénateur, il ne devait l'être qu'en 1865 : il refit son testament en 1866, à la veille d'une opération chirurgicale qu'il allait subir et dont il craignait que les conséquences ne fussent fatales [1]. C'est le passage de ce testament, relatif à ses funérailles, que nous avons publié au lendemain de sa mort. Il est daté du 12 janvier 1866, et

---

1. M. le docteur Ricord l'opéra cette année-là d'un œdème ; ce fut la première atteinte de la maladie de la pierre qui le prit durant cet hiver, au moment même où il venait de terminer la première partie de son étude sur Proudhon dans la *Revue contemporaine*.

est resté authentiquement entre les mains de
MM. Marc Fabre, son notaire, et Auguste Lacaussade, son unique exécuteur testamentaire
en ce temps-là.

M. Sainte-Beuve n'avait pas fait encore ex-
plosion au Sénat pour la défense de la libre
pensée. La première n'eut lieu que plus d'un
an après, le 29 mars 1867.

Enfin, en 1869, se sentant cette fois mor-
tellement atteint, et ne pouvant se faire aucune
illusion à ce sujet, M. Sainte-Beuve, ayant
cru devoir apporter de nouvelles modifica-
tions à son testament, le refit tout entier et
l'écrivit un matin debout sur sa cheminée.
Nous en extrayons la partie relative à ses funérailles. C'est la dernière en date, elle est
du 28 septembre 1869. Si nous ne l'avons pas
publiée au moment de sa mort, c'est que ce
testament n'était pas encore dans nos mains.
Obligé de recourir au plus pressé, sachant
d'ailleurs que l'esprit en était le même, nous
envoyâmes aux journaux l'extrait que nous
communiqua M. Lacaussade, et que nous

même nous avions vu écrire. Nous avions
assisté aux deux rédactions, nous n'avons pas
à nous en cacher.

« Je veux que mon enterrement soit
purement civil, un enterrement sans
pompe, sans solennité ; aucun insigne,
aucune trace d'honneur.

» Je demande aux Corps et aux
Compagnies, auxquels j'ai l'honneur
d'appartenir, de ne se faire représenter à mon enterrement par aucune dé-
putation, heureux et reconnaissant si
des collègues et des confrères veulent
bien, individuellement, accompagner
mes restes. — Ma place est au cimetière
Mont-Parnasse, à côté de ma mère.

» Je désire qu'aucun de mes exécuteurs testamentaires ne fasse de discours, mais que l'un d'eux, Lacaussade ou Troubat, par quelques mots simples, se borne à remercier l'assistance qui m'aura accompagné jusqu'à la tombe.

» Le 28 septembre 1869.

» SAINTE-BEUVE. »

LES FUNÉRAILLES

DE M. SAINTE-BEUVE

Je reçois au dernier moment communication d'une lettre d'un bien regretté ami,
M. Eugène Tilloy, interne des hôpitaux de
Paris, enlevé tout récemment, en août 1871,
à l'âge de vingt-cinq ans, à l'affection de ses
parents et à la nôtre, par une fièvre typhoïde :
il venait d'échapper aux dangers de tous les
champs de bataille dans la désastreuse campagne de France, où il avait fait partie,
comme médecin, des ambulances internatio-
nales. — Son père, mon ami M. Tilloy,

rédacteur en chef du *Journal d'Amiens*, prisonnier des Prussiens pendant l'occupation de cette ville, et qui travaille en ce moment à élever un monument littéraire à la mémoire de son fils, en publiant un recueil de très-remarquables lettres qu'on a conservées de lui, veut bien m'envoyer celle-ci, que je ne saurais relire sans émotion ; elle est pour moi d'une réalité navrante, et ravive tous mes souvenirs. On ne saurait mieux dire. Je n'ai pas cru devoir en rien retrancher. Les détails techniques et médicaux qu'elle renferme soulèvent un coin du voile dans une discussion où je n'aurais eu aucune autorité : de la part d'un médecin, ils ont tout leur prix. Voici cette lettre, adressée à M. Tilloy père :

« Paris, 14 octobre 1869

» . . . . . . Je t'écris du cabinet de Sainte-Beuve. Troubat est au rez-de-chaussée et reçoit les visiteurs.

• C'est toujours le même cabinet que tu connais. Toujours le même bureau double encombré de livres, de brochures et de papiers. Aux murs quelques dessins, un portrait de femme copié d'après Chardin par la princesse Mathilde. Au fond un petit lit de fer.

• Rien n'a changé de place. Seulement, au lieu du vieillard alerte que tu te rappelles, il y a un cadavre dont un drap ramené jusqu'au menton dessine vaguement les formes. La tête seule est à découvert. La courbe du crâne plonge et disparaît dans les plis de l'oreiller. Les yeux sont fermés. L'expression générale tient à la fois du calme, du sommeil et de la majesté de la mort. Peu d'amaigrissement. Pas de crispation des traits. Le nez seulement un peu pincé et une teinte légèrement jaune répandue sur toute la figure.

» Pas de cierge allumé. Pas de branche de buis trempant dans l'eau bénite. Nul insigne religieux. Rien que les choses profanes, ou plutôt humaines, de la vie de chaque jour. A portée de ma main, sur une pile de livres, la petite calotte légendaire, qui, lorsque l'homme vivait, passait si prestement du front à l'occiput et soulignait si bien les incidents de la conversation.

» Scherer, du *Temps*, vient d'entrer.

» Le sculpteur Chenillion, l'auteur du buste si vrai qu'il a fait du maître, est occupé à esquisser un profil.

» Le docteur Veyne lui fait dire que le docteur Piogey va venir pour l'autopsie, qu'il n'y a plus le temps de mander un photographe et que, s'il veut prendre un moulage, il faut qu'il se hâte.

» Avec M. Chenillion, qui réclame mon aide, nous moulons d'abord la main droite. Tu sais[1] que pour mouler

---

1. M. Tilloy père est lui-même un sculpteur fort habile.

une main il en faut d'abord chercher la pose. Le hasard de la dernière contraction avait bien fait les choses. Cette main effilée, élégante, potelée encore dans son amaigrissement, s'était disposée comme il le fallait ; les doigts et le pouce convergeaient comme pour saisir une plume absente.

» Avant de prendre le masque, nous avons défendu la porte, ouverte jusque-là aux amis qui voulaient voir le maître une dernière fois et qu'auraient pu choquer les irrespectueuses nécessités du moulage. Nous avons eu toute la ligne du profil, de la gorge au sommet du crâne. Nous avons regardé le creux comme il faut regarder un creux pour en faire jaillir la vision du relief. L'épreuve est bonne.

» Nous avions à peine fini qu'entrèrent pour l'autopsie les docteurs Veyne et Piogey. A leur prière et à celle de Troubat, je dus rester. Ces messieurs me passèrent le scalpel... Nous avons constaté avec surprise la présence de trois pierres dans la vessie ; une grosse comme un œuf de poule, les deux autres moindres mais encore assez volumineuses. Je ne puis, quoi qu'on en ait dit, m'empêcher de croire que si, dernièrement encore, on avait recouru à la taille sus-pubienne, on aurait pu rendre au malade quelques années de vie et de travail.

» Ce qui a déterminé la mort, c'est un vaste abcès situé sur la partie latérale gauche de la prostate. Celle-ci n'était point enflammée, mais son lobe moyen s'était hypertrophié et faisait office de bouchon. C'est cette disposition qui rendait le sondage si difficile et presque impossible.

» Nous avons ramené les chairs et terminé ce triste travail par une injection au chlorure de zinc.

» Le cabinet, alors, faisait peine à voir : du plâtre, du sang et de l'eau sur le plancher ; les livres poussés dans un coin. Je laissai Troubat et le docteur Veyne examiner, consternés, ces pierres fatales, et je m'échappai.

» 16 octobre.

» Je reviens de l'enterrement. Foule énorme, composée de six mille personnes selon les uns, de dix à douze mille selon les autres. Tous les mondes s'y rencontraient, artistes, écrivains, étudiants, ouvriers. Toutes les opinions s'y coudoyaient, Raspail et le fils Baroche[1], les irréconciliables de la politique et les *dilettanti* de l'art. Grande

1. M. Ernest Baroche, qui s'est fait tuer à l'héroïque défense du Bourget, le 30 octobre 1870.

discussion la veille au quartier latin.
« Nous irions bien, disaient les purs ;
mais, en somme, c'était un sénateur. —
Oh ! si peu !... » Bref, on décida qu'on
irait en masse rendre les derniers devoirs à celui qui avait défendu la libre
science au Sénat et qui avait le courage
de l'affirmer jusque dans le cercueil. Et
de fait, tous les étudiants rentrés de
vacances s'y trouvaient. Nos chefs
aussi, Trélat, Ricord, Hérard, Robin, etc.

» Les journaux t'ont donné la liste
des hommes connus qui assistaient à
ces funérailles. J'ai vu, de près, Dumas père, les cheveux tout blancs, et

Mme Sand au bras de Dumas fils, — deux des survivants, qui se font si rares aujourd'hui, de votre grande école de 1830.

» Flaubert, qu'il nous est rarement donné de voir depuis qu'il s'isole et se cache pour ainsi dire dans la province pour travailler, était venu exprès à Paris. Il marchait au bras de Taine.

» J'ai vu, à un moment, toutes les têtes se découvrir devant le vieux Raspail, qu'accompagnaient ses quatre fils ; point d'acclamations, le lieu et la circonstance ne le permettaient pas, mais empressement respecteux.

» Le convoi se dirigea vers le cime-

tière Montparnasse, à travers une
double haie de curieux. Le trajet se fit
très-vite, presque rapidement. Le cercueil avait à peine glissé sur les cordes
des fossoyeurs dans le caveau où re-
posait déjà la mère de Sainte-Beuve,
que Lacaussade, monté sur un tertre,
adressa à l'assistance les paroles qu'ont
rapportées les journaux. — Les voici
de nouveau et textuellement; Sainte-
Beuve les avait indiquées d'avance
à ses exécuteurs testamentaires :
« Adieu, Sainte-Beuve; adieu, notre
ami. Adieu. » — Et se tournant vers
l'assistance : — « Messieurs, qui l'a-
vez accompagné jusqu'ici, soyez re-

merciés en son nom. — Messieurs, la cérémonie est terminée. »

» On restait là cependant. Il semblait qu'on attendît quelque chose. Cette simplicité ou plutôt cette absence de cérémonial déroutait visiblement les habitudes du plus grand nombre. Ce spectacle toutefois avait bien sa grandeur.

» A la sortie du cimetière, Mme Sand eut une véritable ovation. Elle ne put monter qu'à grand'peine dans sa voiture. Les amis revinrent à la maison mortuaire serrer les mains des personnes qu'avait aimées Sainte-Beuve, et l'on se sépara.

UNE LETTRE

Mme DESBORDES-VALMORE

———

.

A l'ombre de Joseph Delorme, il fallait une
poétique parure. Une couronne de violettes,
remise le matin même des funérailles par
M. Alexandre de Girardin, de la part d'une
amie absente, fut le seul ornement du cercueil de M. Sainte-Beuve. Ce petit livre, pour
lequel le titre de Biographie serait emphatique
et menteur, et qui compte bien sur l'indulgence du public pour n'être considéré que

comme un simple *Essai*, à la manière anglaise,
aura du moins sa guirlande, un cadre digne de
l'auteur des *Portraits de femmes*. Au portrait
qui ouvre ce volume, nous donnons pour pendant la belle page suivante de Mme Desbordes-
Valmore, une lettre d'elle, qui ne pouvait entrer dans l'Étude de M. Sainte-Beuve, et qu'il
avait lui-même oubliée comme à dessein dans
ses papiers, où nous la retrouvons.

Il la tenait du hasard : un honorable amateur
d'autographes la lui avait offerte en 1859, ac-
compagnée d'une lettre très-digne et qui prouve
que son possesseur ne s'en défaisait pas, sans
en sentir tout le prix. Depuis ce temps-là,
elle *dormait*. Tirons-la de son long sommeil :
nous ne saurions mieux rendre hommage à la
mémoire de M. Sainte-Beuve :

« A peine si j'ai pu vous répondre,
ma chère Louise, ayant été interrom-
pues dans notre causerie, et vous ne
venez plus. Pourquoi sembliez-vous

curieuse de connaître toute ma pensée
sur M. Sainte-Beuve? Si vous l'êtes
encore, pourquoi ne venez-vous pas?
Seriez-vous malade? Pour moi, je n'ai
pas cessé de l'être depuis le 3 janvier. Je comprends maintenant vos
souffrances de l'estomac par celles
que je viens d'éprouver moi-même.
Avant, je ne faisais que vous plaindre.

» Mais pourquoi donc voulez-vous
savoir si je pense beaucoup de bien de
M. Sainte-Beuve? Quelqu'un de vos
amis en penserait-il du mal? Ma chère
Louise, ce serait bien injuste, et je
vous conjurerais de le détromper par

tout ce que je voudrais pouvoir vous raconter de vrai, d'honorable et de touchant sur ce cœur-là, qui se cache sous tant d'esprit.

« L'esprit, je n'en peux pas juger. C'est le droit des hommes entre eux, Louise ; mais la charité nous regarde, la bonté nous attache, et Dieu sait si je suis éternellement garrottée à M. Sainte-Beuve par la reconnaissance des services sérieux qu'il m'a rendus. Je ne crois pas que l'on oblige mieux que lui ni qu'on l'oublie plus noblement. — Je dois m'y connaître, chère Louise. — La dureté de mon sort m'a mise à même d'appren-

dre quand c'est une joie divine d'être
protégée, ou quand c'est la plus amère
punition d'être au monde. — J'ai vingt
lettres de bénédiction de malheureux
que je lui ai fait secourir dans leur liberté compromise, rendue par lui à
force de courir et de prier, et puis
donnant, donnant toujours. De plus,
que ne m'a pas appris sa mère qui
l'adorait, en le grondant ! « Il n'a jamais de chaussettes, » me disait-elle.
— Il donne tout comme Béranger (avec
un autre accent, c'est vrai, mais avec
la même âme). — Et dans les temps
politiques, que de pensions conservées, grâce à la chaleur de ses protes-

tations ! J'en sais plusieurs, sans me compter.

» Quand on vous dit, ma bonne amie, que j'aime à tort et à travers, ne croyez donc pas cela. J'aime ce qui est élevé, honnête, ardent à secourir. — Ainsi vous savez bien qui j'aime et pleure et honore en moi comme au fond d'une chapelle ardente. — Le reste ne me regarde pas.

» Pourtant je ne vois plus M. Sainte-Beuve. Mais qu'est-ce que cela fait ? Je suis devenue par trop triste. Et lui qui l'est aussi sous d'autres rapports est emporté comme sur un chemin de fer. — Moi, je suis tombée.

» Quand vous viendrez me voir, vous comprendrez très-bien pourquoi je ne suis pas allée moi-même vous dire tout cela. — Il n'y a que deux jours que je crois à ma convalescence dont je vous donne la preuve en vous écrivant si mal ce que je pense. C'est que je vous aime de tout mon cœur, vivant ou bien malade !

» MARCELINE DESBORDES-VALMORE. »

1854.

FIN

TABLE

Imprimerie de Poissy — LEJAY fils et LEMORO.

DERNIÈRES PUBLICATIONS

Format grand in-18 à 3 fr. 50 le volume.

IMPRIMERIE CHAIX, RUE BERGÈRE, 20, PARIS. — 11550-6 02. — (Encre Lorilleux).

www.ingramcontent.com/pod-product-compliance
Lightning Source LLC
Chambersburg PA
CBHW060933030726
47503CB00003B/576